sociología
y
política

traducción de
TUNUNA MERCADO

LA CRISIS DE LAS DICTADURAS

PORTUGAL, GRECIA, ESPAÑA

por
NICOS POULANTZAS

siglo veintiuno editores, sa
CERRO DEL AGUA 248 MÉXICO 20, D.F.

siglo veintiuno de españa editores, sa
EMILIO RUBÍN 7, MADRID 33, ESPAÑA

siglo veintiuno argentina editores, sa
Av. PERÚ 952, BS. AS., ARGENTINA

edición al cuidado de martí soler
portada de ricardo harte

primera edición en español, 1976

primera edición en francés, 1975

título original: la crise des dictatures

impreso y hecho en méxico/printed and made in mexico

ÍNDICE

ADVERTENCIA

El año 1974 estuvo marcado, en el área europea, por acontecimientos de un notable alcance: el derrocamiento de dictaduras militares en Portugal y Grecia y la particular aceleración de la podredumbre del régimen franquista en España cuyo derrumbe figura de ahora en adelante *a la orden del día.*

Ahora bien, la vía que se siguió en la caída de las dictaduras portuguesa y griega así como el proceso iniciado en España, plantean una serie de cuestiones importantes que aún están lejos de haber sido esclarecidas. Se articulan en torno a un punto esencial: los regímenes portugués y griego, aparentemente, no han sido derribados ni por un movimiento insurreccional masivo, abierto y frontal, de masas populares, ni por una intervención militar extranjera, como fue el caso del nazismo alemán y el fascismo italiano. ¿Qué factores determinaron entonces su derrocamiento y qué expresión tuvo en esa coyuntura la intervención de las masas populares?

Pero estas cuestiones no sólo conciernen a Portugal, Grecia y España. Tienen que ver, ante todo, con numerosos países que, como éstos, pertenecen a la zona de dependencia respecto de metrópolis imperialistas y que, ellos también, padecen regímenes capitalistas de excepción (fascismo, dictaduras militares, bonapartismos); no hay más que nombrar el caso de muchos países de América Latina. Las lecciones que pueden sacarse de los sucesos ocurridos (Grecia, Portugal) o que empiezan a esbozarse (España) son, en este sentido, de una importancia capital.

Pero, algunas de estas cuestiones conciernen igualmente a los países europeos llamados "industrializados" y "libres". Grecia, Portugal y España se caracterizan por una dependencia muy particular, a saber, que ya no se definen dentro de una situación que descriptivamente es considerada como de "subdesarrollo"; por el contrario, por su estructura económico-social, se sitúan en el área europea. De esta forma, los hechos que aquí se desarrollan importan directamente, en muchos de sus aspectos, a los otros países europeos.

Este ensayo tiende a aportar un primer bosquejo de respuesta a esas cuestiones, lo que me lleva a hacer algunas aclaraciones previas a los lectores:

1. Se trata de un texto teórico-político que quise que fuera *breve* y limitado a las cuestiones esenciales: de ningún modo exhaustivo, no pretende ser una historia detallada de esos regímenes y de su derrumbe. Se dirige a un público relativamente advertido que ha seguido, y actualmente sigue, los acontecimientos de esos países con un *interés político* que puede, en cierta medida, prescindir de una descripción de los hechos y concentrarse en sus fundamentos y su explicación. Por lo demás, y para no hacer pesada la exposición, doy los elementos concretos que me parecen más significativos, tratando de sortear el escollo de ese tipo de análisis que consiste en decir demasiado poco o mucho a la vez.

2. El derrocamiento de los regímenes portugués y griego y el proceso que se dibuja en España me han parecido —por las razones que explico y a menudo a pesar de las apariencias— que presentan puntos comunes, por lo menos en lo que concierne a los problemas esenciales. Existen, sin embargo, diferencias importantes que, paralelamente, no dejo de señalar, pero tratando de no perder de vista las semejanzas, lo que implica cierta esquematización.

3. Hay en este texto una *laguna importante,* absolutamente voluntaria: aunque señalo en varias ocasiones el papel de las organizaciones de izquierda en esos procesos, no entro en el detalle de su acción, limitándome de algún modo a entender lo que fue en cierta medida su efecto, es decir, el papel preciso que desempeñaron las masas populares. No se trata de ningún modo para mí de subestimar la acción de esas organizaciones, *sino precisamente de todo lo contrario.* Para poder abordar a fondo su papel, habría sido necesario entrar en la discusión exhaustiva de las estrategias políticas y los problemas teórico-políticos que constituyen sus soportes y que han marcado nuestras largas luchas en la resistencia: tal propósito constituiría un libro aparte. Frente al escollo aquí patente, de decir demasiado poco y mucho a la vez, tomé claramente el partido de dejar, por el momento, el campo abierto.

4. Está claro entonces que este ensayo sólo pretende contribuir a la discusión, por otro lado ya iniciada, sobre la comprensión —y las lecciones que surjan— de los acontecimientos, en particular del proceso de democratización que hasta ahora se ha seguido. De ningún modo pretende fijar las vías que tomarán estos países en el futuro, sobre todo Portugal, si se tiene en cuenta la inestabilidad de la relación de fuerzas que caracteriza actualmente a ese país.

5. Última observación: el lector encontrará en algunos análisis y posiciones del texto, diferencias respecto de mi libro *Fascismo y dictadura,* aparecido en 1970, que tienen que ver, por un lado, con la naturaleza diferente del objeto abordado: aquí, regímenes de dictadura militar que no son fascismos en el sentido estricto, regímenes que se sitúan en un período histórico diferente del que tuvo lugar entre las dos guerras. Pero las diferencias se vinculan, por otro lado, a ciertas *rectificaciones* de mis análisis

precedentes, debidas a que los acontecimientos presentan en estos países, indiscutiblemente, una serie de *elementos nuevos* en la experiencia del movimiento popular frente a regímenes capitalistas de excepción (de *guerra abierta* contra las masas populares).

París, febrero de 1975

1

EL CONTEXTO IMPERIALISTA MUNDIAL

Los acontecimientos que se produjeron en Portugal y en Grecia, así como el proceso que se dibuja en España, no pueden ser convenientemente entendidos más que en función del nuevo contexto mundial en el que se sitúan: dicho de otro modo, en la fase nueva del imperialismo y sus consecuencias sobre los países europeos. Portugal, Grecia y España dan cuenta en efecto, a niveles diferentes, dentro del área europea, de una *dependencia característica* en relación con las metrópolis imperialistas, incluyendo su centro dominante: Estados Unidos.

Sería erróneo considerar a esos países según la imagen tradicional de "países subdesarrollados": por su estructura económica y social, esos países participan de ahora en adelante del área europea, no siendo su proximidad sólo, ni principalmente, geográfica. Más aún: se puede ya decir, por anticipado, que ciertos rasgos de la nueva dependencia que presentan respecto de Estados Unidos y de otros países europeos (Mercado Común) caracterizan *igualmente,* en la nueva fase del imperialismo, a los países europeos que sí forman parte de las metrópolis imperialistas, esta vez en relación con Estados Unidos. Esto no impide que Portugal, España y Grecia, no estén marcadas por una dependencia característica: ése sería uno de los rasgos específicos de los hechos que allí se producen.

Especificidad en la dependencia que se vincula con la propia historia de esos países y que tiene un doble sentido:

a] por una parte, el esbozo de acumulación originaria,

de antigua data, de capital —que proviene, para Portugal y España, de la explotación de sus colonias; para Grecia, de la explotación del perímetro del Mediterráneo oriental— los diferencia del tipo preciso de dependencia de otros países dominados.

b] por la otra, el fracaso, por múltiples razones, de una acumulación *endógena* y *oportuna* de capital, los sitúa —precisamente en la fase actual del imperialismo— del lado de los países dependientes de metrópolis del imperialismo: la nueva estructura de dependencia propia de esta etapa es por eso de la mayor importancia.

La principal característica tiene que ver, entonces, con la fase actual del imperialismo. Desde los comienzos del imperialismo, en las relaciones entre formaciones sociales nacionales (metrópolis del imperialismo-países dominados y dependientes) es la *exportación de capitales* la que lleva la delantera sobre la exportación de mercancías. Pero esta característica es todavía demasiado general: de hecho, y según las fases del imperialismo, la exportación de capitales desempeña un papel variable, lo que no puede entenderse más que a través de las transformaciones, en escala mundial, de las relaciones de producción y los procesos de trabajo.

En efecto, durante las fases precedentes, las exportaciones de capitales de los países imperialistas hacia los países dependientes parecían principalmente ligadas al control de materias primas (industrias extractivas) y a la extensión de los mercados. Así articulada, la línea principal de demarcación entre las metrópolis del imperialismo y los países dominados y dependientes coincidía, en lo esencial, con la división entre industria (países "industrializados") y agricultura (países predominantemente "agrícolas"), o bien entre ciudades y campo. De esta manera, el modo de producción capitalista dominante bajo su forma monopolista en las metrópolis imperialistas y en la cadena imperialista, no lograba todavía extenderse y dominar las relaciones de producción en el interior mismo de los países dependientes. En el interior de esos países, los otros modos y formas de producción (modo de producción feudal, forma de producción comercial simple, etc.), aunque debidamente transformadas por la penetración de relaciones capitalistas, daban cuenta de una persistencia notable.

Esta situación tenía efectos considerables sobre la estructura económico-social, e incluso política, de esos países: papel preponderante, y absolutamente característico, de la producción agrícola y de la extracción de materias primas, correlativo a un *retardo significativo* del proceso de industrialización y que a menudo ha sido tomado bajo la falsa imagen del "subdesarrollo". A su vez, esto tenía como consecuencias para las clases dominadas: a] la debilidad numérica y el peso social y político relativamente restringido de la clase obrera frente al peso considerable de un campesinado todavía sometido a las relaciones de producción precapitalistas; b] la estructuración particularísima de la pequeña burguesía: en su seno podía comprobarse, por una parte, la importancia de la pequeña burguesía tradicional manufacturera, artesanal (pequeña producción) y comercial; por la otra, el peso considerable de una pequeña burguesía de Estado (agentes de los aparatos del Estado) debido al crecimiento parasitario de la burocracia de Estado, característico de esta situación de dependencia. Del lado de las clases dominantes, eso se manifestaba por una configuración precisa del bloque en el poder en esos países, a menudo designada con el término de "oligarquía": grandes terratenientes, cuyo peso era muy importante, aliados a una alta burguesía típicamente *compradora* con débil asiento económico propio en el país y que funciona principalmente como intermediario comercial y financiero para la penetración del capital imperialista extranjero y estrechamente sometida a él.

Ahora bien, en la fase actual del imperialismo intervienen modificaciones considerables cuyos comienzos pueden situarse inmediatamente después de la guerra, ampliándose su consolidación y reproducción *alrededor de la década del sesenta.* Ciertamente, la función de las exportaciones de capital en el control de materias primas y en la extensión de mercados, continúa persistiendo pero ya no es su función principal, sino que ésta responde actualmente en lo esencial a la necesidad de la valorización —en escala mundial— del capital monopolista imperialista, sacando partido de toda ventaja relativa *en la explotación directa del trabajo.* Se trata de un rasgo característico de la tendencia a la baja de la tasa de beneficio y de las nuevas condiciones del establecimiento de la tasa media de beneficio en el contexto mundial actual: contrarrestar esta tendencia principalmente por medio de *la explotación intensiva del trabajo a escala mundial* (alza de la tasa de explotación por la plusvalía relativa, incluyendo el alza de la productividad del trabajo, las innovaciones tecnológicas, etc.). Esto implica la reproducción de relaciones de producción capitalistas *en el seno mismo* de los países dependientes donde, de manera creciente, se someten las fuerzas de trabajo y se corresponde a la vez con una prodigiosa socialización de los procesos de trabajo y con una marcada internacionalización del capital a escala mundial.

Estas modificaciones tienen efectos importantes en los países dependientes o, mejor dicho, en algunos de ellos: el capital extranjero que allí se invierte toma progresivamente la vía de inversiones directas en el sector mismo del capital industrial-productivo. La parte de ese capital extranjero invertido en las industrias de *trasformación* aumenta considerablemente. El caso que más ha llamado la atención, no siendo más que un indicio limitado del fenómeno, es el de las grandes sociedades *multinacionales*: en su gran mayoría norteamericanas, producen en ciertos países dependientes —en razón de los costos ventajosos de producción— fracciones enteras del producto acabado que venden en todo el mundo o bien instalan allí un estadio completo de su producción global o, incluso, acumulan el producto terminado que destinan para la venta en ese mismo lugar. Pero el fenómeno va mucho más allá del caso único de las sociedades multinacionales: la dirección de las inversiones de capital extranjero en estos países incluye también su proceso de trabajo en la socialización capitalista de tales procesos en escala mundial.

Esta nueva organización de la cadena imperialista y de la dependencia, típica para Grecia y España y, en menor grado, para Portugal, modifica considerablemente la estructura económico-social interna de los países que a ella se someten. Su situación de países dominados y dependientes no implica ya, de manera simple, una división tradicional con las metrópolis del imperialismo, en el sentido industria/agricultura: su dependencia pasa precisamente por su *industrialización* bajo la égida y la instigación del capital extranjero. Las relaciones capitalistas de producción se reproducen masivamente *en su propio seno,* sometiendo las fuerzas de trabajo, deformando, reorganizando e incluso disolviendo de manera acelerada las relaciones precapitalistas.

De tal modo, no es —como sostendría toda la ideología del "desarrollo"— porque España y Grecia de ahora en adelante hayan salido y Portugal esté por salir de la llamada situación de "subdesarrollo" que dejarían de ser países dominados y dependientes. En su caso, la dominación y la dependencia que padecen por el hecho del capital imperialista extranjero siguen, en gran medida, *una nueva vía* que atraviesa el proceso mismo del capital industrial-productivo y los procesos de trabajo que le corresponden a escala internacional. Se trata del fenómeno de la *industrialización dependiente,* que por otro lado, se verifica en otros países dependientes, especialmente en América Latina:

- acantonamiento de esos países en formas industriales de tecnología "inferior";
- productividad del trabajo mantenida a un nivel bajo, dirigida por la integración de los procesos de trabajo de esos países a una socialización de las fuerzas productivas (*producción integrada*) que, en la tendencia bipolar calificación/descalificación del trabajo propia del capitalismo monopolista, expulsa —en las relaciones internacionales— el aspecto de la descalificación del trabajo hacia los países dominados, reservando la reproducción del trabajo altamente calificado para los países dominantes;
- alto grado de expatriación de los beneficios directamente obtenidos por la producción de plusvalía de la fuerza de trabajo de los países dominados, etc.

Pero, a la explotación de las masas populares por la inversión productiva del capital extranjero se agrega un elemento correlativo que concierne esta vez a la fuerza misma de trabajo de esos países en el contexto de la nueva internacionalización de las relaciones capitalistas en su conjunto: la exportación de la fuerza de trabajo hacia las metrópolis imperialistas —los *trabajadores inmigrados*— de los que Portugal, Grecia y España proveen ampliamente a Europa. Esta hemorragia de la fuerza de trabajo de estos países constituye una verdadera sobrexplotación de sus masas populares por el capital imperialista dominante, al mismo tiempo sobrexplotación que esos trabajadores sufren en el país que los "acoge", pero también y sobre todo, costos de formación, a pura pérdida para los países dominados, de una fuerza de trabajo que fructifica en los países dominantes. Pero además —y luego volveremos sobre eso—, la inmigración masiva precisamente se hace posible como consecuencia del proceso de industrialización deformado que el capitalismo extranjero promueve en esos países y por los *dislocamientos* y *descentramientos* internos que provoca la reproducción inducida de relaciones capitalistas dominantes.

Esta nueva organización de explotación y de dependencia de la cadena imperialista, determina así nuevas brechas entre los países dominados y dependientes mismos. Mientras que para algunos de ellos la forma *dominante* de explotación por el capital extranjero sigue siendo todavía una exportación de capital ligada al control de materias primas y a la exportación de mercancías y una división industria/agricultura, en este caso la forma *dominante* de explotación sigue una vía nueva, paralelamente a las viejas que persisten aunque en retirada.[1]

No fatigaré al lector con cifras detalladas, pero daré algunos ejemplos para ilustrar y situar la estructura económico-social de esos países, así como las evoluciones producidas en los últimos años.

□ *En Portugal,* si bien la política de desarrollo económico, basada en el lanzamiento de planes de desarrollo, se remonta a 1953, es sólo a partir de 1960 aproximadamente que la penetración de capitales extranjeros importantes se acelera en un proceso correlativo al de la expansión industrial: el volumen de inversiones extranjeras directas se ha duplicado entre 1963 y 1965 y no ha cesado de aumentar desde entonces. Las inversiones extranjeras se han concentrado progresivamente en los sectores del capital industrial productivo mediante el recurso de filiales de multinacionales (industrias químicas, metalúrgico-mecánicas y electrónicas, así como diversas industrias de trasformación —acabado—, etc.). Paralelamente, el PNB aumentó después de 1960 alrede-

[1] Esta cuestión, así como muchas otras que se plantearán después —las relaciones actuales entre Estados Unidos y Europa, la burguesía interior, etc.— han sido tratadas en mi libro *Las clases sociales en el capitalismo actual,* México, Siglo XXI, 1976.

dor del 6% por año y —lo que es más— entre 1960 y 1970, la tasa de crecimiento de la agricultura no fue más que del 1.5; la de la industria del 9.1 y la del terciario del 5.9. En 1971, el sector primario no emplea más que apenas el 31.8% de la población activa (contra el 48.4% en 1950), la industria el 37.2% (24.9% en 1950) y los servicios el 32% (26.7% en 1950). Por otro lado, el carácter original del capitalismo portugués, comparado con el de Grecia y España, es la *extrema* concentración y centralización del capital, teniendo en cuenta el estado de industrialización del país: 168 sociedades sobre 40 000 (o sea el 0.4%) detentan por lo menos el 53% del capital.

☐ *En España,* aunque el primer impulso industrial data de 1953 —como consecuencia de pactos económico-políticos sellados con Estados Unidos que abren España a la penetración del capital norteamericano— es recién al final del llamado período de "estabilización", alrededor de 1960, cuando el proceso se acelera. Las inversiones extranjeras muestran una aceleración espectacular (pasando, en millones de dólares, de 36.1 en 1960 a cerca de 180 en 1968), concentrándose también en este caso —a través de las filiales de multinacionales— en los sectores de la industria química, equipamiento eléctrico y metalurgia pesada (construcciones navales, automotriz) así como en las diversas industrias de trasformación. Si, también aquí, la tasa de aumento del PNB alcanza, a partir de 1960 y hasta 1970, un ritmo anual medio del 7% aproximadamente, eso se debe principalmente al ritmo de expansión de la producción industrial que se cuatriplicó entre 1956 y 1969. El sector agrario no empleaba en 1969 más que el 31% de la población activa (contra 42% en 1960), la industria el 36% (contra 32% en 1960) y los servicios el 33% (contra 27% en 1960).

☐ *En Grecia,* el proceso es aún más interesante porque es posible comparar su evolución, después de 1960, bajo un régimen democrático y bajo el régimen de la dictadura militar (después de 1967). En primer lugar, también allí se desencadena, a partir de los sesenta, el proceso de industrialización correlativo a la penetración del capital extranjero. El volumen de las inversiones extranjeras quintuplicó desde 1960 a 1964; 1965 y 1966 muestran una progresión excepcional y espectacular debida a las inversiones masivas de Esso-Pappas y de Pechiney en esos dos años. El PNB, entre 1960 y 1967, aumenta anualmente en el orden de 6.7%.

Bajo el régimen militar —según cifras oficiales—, la introducción del capital extranjero en Grecia sería, durante el período 1967-1971, el 62% superior en relación con el período 1962-1966. (En realidad, algunas inversiones, que el régimen buscaba y descontaba obtener, apelando a todos los medios, finalmente no se llevaron a cabo: ciertos inversionistas extranjeros se habrían mostrado vacilantes frente a la "inestabilidad" del régimen). El ritmo de aumento del PNB durante la dictadura fue el siguiente:

1967: 4.5%;
1968: 5.8%;
1969: 8.8%;
1970: 7.5%;
1971: 7.3%;
1972: 10.5%;
1973: 10.1%.

Allí también, a partir de 1960, las inversiones extranjeras se concentran en el sector del capital industrial productivo (industrias químicas, electromecánicas, construcción naval, otras industrias de trasformación): entre 1960 y 1970 las filiales de las multinacionales en Grecia inciden en un 45% en el aumento de la producción industrial. Paralelamente, y durante todos esos años, la tasa más significativa es la de la expansión de la producción de industrias de trasformación: alrededor del 10.3% por año entre 1963 y 1970. El porcentaje de población activa empleada en la agricultura cae de 56% en 1961 a 45% en 1967 y 37.3% en 1971; en la industria va de 14% en 1961 a 21.2% en 1967, para alcanzar 25% en 1971 (los servicios en 1971: 38%). Notemos que esta distribución de la población activa en Grecia no da enteramente cuenta de la industrialización del país, que se ve más claramente por el hecho de que, en 1970, la incidencia de la agricultura en el PNB era de 18%, siendo la de la industria de 33.2%: la industrialización se hace en este caso de manera intensiva, por el aumento de la productividad del trabajo en algunos sectores (química, derivados del petróleo, construcción naval).

Esta nueva forma de dependencia, que va a la par de un tipo particular de industrialización, se verifica por otro lado en una serie de otros puntos particulares. Por ejemplo, el volumen creciente en las exportaciones de esos países, de los productos manufacturados comparado con las exportaciones agrícolas. Sea como fuere, esta nueva vía de dependencia es de una *importancia decisiva,* principalmente en razón de las modificaciones que produce en las estructuras económico-sociales.

Se plantea entonces un primer problema: ese estado de cosas a menudo ha sido subestimado por las organizaciones de la resistencia. Tal fue el caso en particular de Portugal —cuya imagen tradicional es la de un país "atrasado"—; y para España, donde las organizaciones de resistencia tardaron mucho tiempo en reconocer esas realidades nuevas. Es que, según una tradición legada por la Tercera Internacional, los regímenes fascistas y dictaduras militares son considerados como necesariamente ligados a un *atraso o retrogradación económica*: las formulaciones abundan para sostener que esos regímenes habrían, a la larga, "bloqueado" (o hecho retroceder) el "desarrollo económico" de esos países. Caracterizaciones que se vinculan en suma con una concepción economicista-tecnicista del desarrollo económico y de la industrialización, concepción que vuelve a encontrarse en las diversas teorías del subdesarrollo, término eminentemente erróneo: habría en cierta manera un desarrollo económico *neutro y en sí,* de finalidad uniforme y unívoca, que no podría ser más que positivo y que, como tal, no habría sido llevado *a buen término* por esos regímenes. La condena de éstos correría a la par de su caracterización como regímenes "económicamente retrógrados". Vemos que aquí apunta otra ilusión: esos regímenes estarían ineluctablemente condenados a la desaparición y su caída se debería directamente a su incapacidad para iniciar o proseguir el "desarrollo económico".

Sin embargo, ese desarrollo en tanto tal, estrictamente, no tiene ningún sentido. Lo que importa es su significación social y política, a saber, su relación con la *explotación* de las masas populares en la cadena imperialista actual. Ahora bien, después de los años sesenta aproximadamente —por cierto, a grados desiguales—, los regímenes portugués y español han llevado adelante (el régimen militar griego ha proseguido), *una política de desarrollo industrial* paralelamente a una concentración y centralización del capital. En suma, una política de desarrollo de las *relaciones capitalistas* bajo su forma monopolista, pero de conformidad con los nuevos rasgos de explotación que caracterizan la fase actual del imperialismo y la relación países dominantes-países dominados, es decir, una política que al mismo tiempo sometía esos países a la nueva dependencia que caracteriza a la cadena imperialista. De ello resulta, por un lado, que ese "desarrollo económico" presenta una serie de características propias de la industrialización dependiente de los países dominados, industrialización que está muy lejos de seguir la "vía" de los países dominantes; por el otro, que las masas populares han sufrido, a causa de esta misma industrialización, una *explotación notablemente en aumento* por parte de sus propias clases dominantes y de aquellas de las metrópolis del imperialismo.

Esto ya aclara la cuestión de la relación de estos regímenes con el tipo de dependencia y de desarrollo de esos países. Es innegable que estos regímenes han favorecido de manera *muy particular* la vía de dependencia característica respecto del capital imperialista extranjero. Era necesario señalarlo de entrada, pues numerosos autores, en parte por reacción contra la tesis errónea que supone una relación de esos regímenes con un "atraso económico", sostienen correctamente que han seguido el desarrollo del capitalismo pero agregan de inmediato —se diría que atemorizados por haberles concedido un punto que se considera en cierto modo positivo— que *no tienen nada que ver en ello,* que ese desarrollo se habría producido de cualquier manera y *del mismo modo* si se tratara de regímenes burgueses democrático-parlamentarios. Grecia es tomada como ejemplo porque, en razón de la antigüedad de las dictaduras de Portugal y España, la hipótesis no puede ser allí verificada. En efecto, Grecia había elegido la alternativa de una industrialización marcada por las estructuras de la nueva dependencia y la introducción masiva de capitales extranjeros, antes de la dictadura, proceso que por otro lado se aceleró a partir de 1964 bajo un gobierno no precisamente de derecha, sino de centro (Papandreu padre): la junta no habría hecho más que proseguir el impulso. Se diría en definitiva que, según esta concepción, el lugar de un país en la cadena imperialista determina por sí mismo, necesariamente y en toda la línea, las formas de su dependencia: las diferenciaciones político-sociales y las de las instituciones políticas internas de ese país, no podrían, salvo en el caso de un paso al socialismo, cambiar en nada la cuestión.

Pero que se entienda bien: es evidente que la dependencia de un país frente al imperialismo no puede *romperse* más que por un proceso de liberación nacional que recorta y recubre, en la nueva fase del imperialismo y las circunstancias actuales, un proceso de transición al socialismo. Admitido esto, existen, desde luego, formas y grados *diferentes de dependencia* que se relacionan, fundamentalmente, con las coordenadas sociopolíticas *internas y propias* de los diversos países. Un ejemplo simple: la relación de Francia con el capital norteamericano, distinta durante el gaullismo de 1960-1968 a lo que fue después, sobre todo en la actualidad; dos momentos sin embargo situados en la misma fase actual del imperialismo. En ese sentido, los regímenes dictatoriales de España y Grecia han desempeñado ciertamente un papel importante en el trazado, la marcha y el ritmo específicos del proceso de dependencia tal como se dio bajo su dirección: por cierto, no en razón de sus diferencias intrínsecas con las formas de régimen democrático-parlamentarias, sino a causa de las fuerzas económicas y sociales cuyos intereses fundamentalmente han representado. Ése fue particularmente el caso en Grecia, donde la política de la dictadura militar fue en ese sentido muy diferentes a la del régimen precedente. Para formular claramente el problema: las formas particulares de régimen de los países dependientes tienen un papel propio en las formas *precisas* que reviste la nueva vía de dependencia, en razón de la relación de fuerzas "interna" y específica a la que corresponden.

Esto pone ya el acento en la línea fundamental del análisis.

El examen de las formas de régimen y de las modificaciones de las instituciones políticas que surgen, tanto en las metrópolis del imperialismo como en los países dependientes, exige la consideración de la fase actual del imperialismo. Pero esta fase no determina exhaustivamente, en tanto tal, esas formas y modificaciones: ella no tiene importancia sino en la medida en que determina las coyunturas de la lucha de clases, las trasformaciones de clases y las relaciones de fuerzas sociopolíticas internas que, por sí solas, pueden explicar esos regímenes y su evolución. Dicho de otro modo, es posible ciertamente hablar, en un plano general y relativamente abstracto, de un *tipo de Estado de dependencia* para las sociedades dependientes actuales; Estado que presenta ciertos rasgos comunes a todas esas sociedades, en tanto responde a las modificaciones generales que el imperialismo le impone y en cuanto debe llenar las funciones generales que le corresponden en función de la fase actual del imperialismo. Pero queda claro que las formas concretas —fascismo, dictadura militar, república "democrática", etc.— que toma ese Estado dependen de *factores internos* de esas sociedades. Esos factores se volverán decisivos por poco que se acepte que existe una *diferencia considerable* —al menos para esos países y para sus masas populares— según que el Estado de la dependencia sea una "democracia" burguesa o una dictadura militar reaccionaria: en este caso, como en otros, las formas que reviste la dominación burguesa bajo la denominación común de "dictadura de la burguesía" están lejos de ser irrelevantes.

Plantear de este modo *la supremacía de los factores internos* nos lleva aún más lejos: hay que romper, de una vez por todas, con una concepción mecánica y casi topológica (si no "geográfica") de la relación entre *factores internos* y *factores externos.* No existen —para hablar con exactitud— en la fase actual del imperialismo, por un lado, los factores externos que actúan puramente desde el "exterior" y, por el otro, factores internos "aislados" en su "espacio" propio que, así concebidos, aventajarían a los primeros. Plantear la supremacía de los factores internos significa que las coordenadas "exteriores" de la cadena imperialista en cada país —relación de fuerzas mundial, papel de tal o cual gran potencia, etc.— *no gravitan sobre esos países más que por su interiori-*

zación, articulándose a sus contradicciones propias, contradicciones que, en sí mismas, surgen, en algunos aspectos, como la *reproducción inducida* en el seno de diversos países, de las contradicciones de la cadena imperialista. En suma, hablar en este sentido de factores internos, es reencontrar el verdadero papel que desempeña el imperialismo —desarrollo desigual— en la evolución de diversas formaciones sociales.

Ésa será la línea directriz del conjunto de análisis que siguen, cuyas implicaciones tienen que ver con toda una serie de problemas. A fin de fijar las ideas, daré un ejemplo concreto, relativo a la cuestión del papel de las potencias imperialistas —en particular de su centro, Estados Unidos— en la instauración, el mantenimiento y también la evolución de los regímenes que nos ocupan, cuestión que, bien se sabe, se discute ampliamente para el caso de Chile. Diré, esquemáticamente, que la concepción mecánica y topológica de los "factores externos" ha sido a menudo utilizada en la tesis del *complot,* que fija el problema principalmente alrededor del papel, supuestamente directo, inmediato y exhaustivo de Estados Unidos y la famosa CIA. Esta tesis presenta, por otro lado, la apreciable ventaja de desviar el examen de los propios errores y, sobre todo, de cerrar los ojos a las coyunturas internas que, precisamente, han permitido a las "intervenciones exteriores" y al "dedo del extranjero" ser eficaces. Ciertamente, nadie duda que esas intervenciones existieron y existen, pero —salvo en el caso extremo de intervenciones abiertas, directas y masivas (Santo Domingo, Vietnam, etc.)— no pueden en general desempeñar un papel decisivo en los distintos países dependientes, en especial en los del área europea como Portugal, Grecia y España, *si no se articulan con las relaciones de fuerzas internas.*

2

LAS DICTADURAS, ESTADOS UNIDOS Y EUROPA

Antes de hablar de las causas internas, de la descomposición (España) y de la caída (Portugal y Grecia) de estos regímenes, es necesario evocar la coyuntura mundial del imperialismo, tal como se materializa en esos países.

En primer lugar, en lo que se refiere al plano económico. Ya he señalado que los regímenes portugués, español y griego *han favorecido sistemáticamente la implantación del capital imperialista extranjero.* Ese capital se invirtió en esos países, por una parte, para explotar directamente a las masas populares, por la otra, para utilizarlos como *intermediarios* para la explotación de otros países. En Portugal especialmente, no sólo el régimen ha directamente favorecido el saqueo de sus ex colonias africanas por parte del capital extranjero, sino que éste, invertido en Portugal mismo, ha tenido como eje a las colonias. Grecia fue igualmente utilizada por el capital extranjero como base-intermediaria para la conquista de los mercados de países africanos y para su reexportación hacia esos mismos países bajo el sello "neutro" griego.

Detengámonos en la política favorable a la implantación de capitales extranjeros en estos países. Es posible señalar, por cierto, que esta política ha caracterizado también a los gobiernos de otros países europeos (Alemania, Gran Bretaña, etc.) respecto del capital norteamericano. Pero, en este caso, revistió formas peculiares: las facilidades directas acordadas (exenciones fiscales, posibilidades casi ilimitadas de repatriación de beneficios, créditos públicos vitalicios, privilegios de monopolios, contratos leoninos con las firmas nacionales), la ausencia de todo control real, etc., *no tienen paralelo* en los otros países europeos. El hecho es particularmente flagrante en Grecia, donde es posible comparar esta situación con la política de los gobiernos que precedieron a la junta militar, gobiernos (Karamanlis, centrista) que favorecieron *igualmente* a la pentración del capital extranjero: debido a las facilidades que se le otorgaron para un verdadero saqueo salvaje del país (tal es claramente el caso del capital extranjero de los armadores griegos), la política de la junta respecto de ese capital es cualitativamente diferente a la de los gobiernos anteriores.

Por supuesto, las facilidades que le concedieron no son solamente directas: se ve claramente hasta qué punto el capital extranjero es capaz de aprovecharse de la situación interior del país y de la represión que se ejerce sobre la clase obrera y las masas populares (abolición del derecho de huelga, prohibición, sobre todo, de la organización de la clase obrera, etc.).

Estos elementos son suficientemente conocidos y es inútil insistir en ellos. En cambio, me parece importante, puesto que es un elemento que sitúa directamente a estos países *en el corazón mismo* de las contradicciones interimperialistas actuales, señalar *las relaciones económicas progresivamente en aumento que ligan a estas naciones con la Europa del Mercado Común, en relación con las que las ligan a los Estados Unidos.*

Para empezar, en el nivel de las inversiones del capital extranjero.

En especial en Portugal, el capital de procedencia del Mercado Común domina masivamente, sobre todo el de la RFA y del Reino Unido. En 1971, las inversiones eran (en millones de escudos), respectivamente de: Estados Unidos, 391.6; RFA, 237.1; Reino Unido, 156.2; Francia, 72.6. En 1972: Estados Unidos, 300.3; RFA, 589.0; Reino

Unido, 298.6; Francia, 74.7. En 1973: Estados Unidos, 238.9; RFA, 815.4; Reino Unido, 552.3; Francia, 109.6.

En *España,* el porcentaje de capital norteamericano en el total de las inversiones extranjeras marcó una curva ascendente de 1961 a 1965 aproximadamente, pasando de 27.82% a 48.3% del total, para descender progresivamente a 29.25% en 1970.

En *Grecia,* aunque las inversiones norteamericanas son masivamente predominantes, se observa asimismo una nueva subida espectacular de las inversiones provenientes de la CEE, en particular de Francia, actualmente en segunda posición.

Esta situación se manifiesta también en el plano del intercambio y el comercio exteriores: la parte de intercambio en el comercio exterior de estos países, con el Mercado Común, crece espectacularmente para Portugal y Grecia, de manera menos importante para España en comparación con el intercambio con Estados Unidos.

Esto nos lleva a plantear una cuestión de primera importancia: ¿las contradicciones actuales entre Estados Unidos y la Europa del Mercado Común han desempeñado un papel —y cuál exactamente— en la erosión y la caída de los regímenes que nos ocupan? ¿Cuál ha sido el papel, en este sentido, de la relación particular de esos países con el Mercado Común, relación ya institucionalizada, aunque oficialmente congelada en Grecia durante el régimen de los coroneles; relación institucionalizada y sistemáticamente buscada por Portugal con Caetano y por el actual gobierno español?

Para poder situar el papel de las contradicciones interimperialistas entre Estados Unidos y Europa, conviene ante todo captar el alcance preciso que tiene hoy. El desarrollo y ampliación del Mercado Común por un lado, la crisis del dólar por el otro, llevaron a numerosos autores a considerar que se trataba del fin ineluctable de la hegemonía norteamericana. Europa se erigía de ahí en adelante en "contraimperialismo" efectivo frente a Estados Unidos. Señalemos, de paso, que esos autores son a menudo los mismos que, durante el largo período en que las contradicciones interimperialistas parecían relativamente apaciguarse, cayeron de lleno en el mito del "superimperialismo", aquel de una dominación y una hegemonía incuestionables de Estados Unidos sobre el conjunto del mundo imperialista al que habrían conseguido pacificar bajo su égida.

Esta vieja concepción era tan falsa como la aplicada a la fase actual. Si la hegemonía norteamericana actualmente está en retirada en relación con ciertas características totalmente excepcionales que había revestido en el período de relativa destrucción de las economías europeas de la posguerra, no es menos cierto que el ensanchamiento y el desarrollo del Mercado Común *han ido a la par* del aumento prodigioso de las inversiones norteamericanas directas que conciernen cada vez más a los sectores del capital directamente productivo (industrias de trasformación) en los países que agrupa. El lugar privilegiado de las inversiones de esos capitales ya no es más, por otro lado, el Tercer Mundo, sino la Europa del Mercado Común misma: el caso de Alemania Federal (para no citar a Gran Bretaña), cuya economía domina ahora en el seno del Mercado Común, es significativo a este respecto. Esto crea, para decirlo claramente, una *nueva dependencia,* muy particular (puesto que no puede identificarse, ni aun compararse, con la que caracteriza a los países dominados respecto de las metrópolis del imperialismo en su conjunto) de los países europeos respecto de Estados Unidos, que puede solamente ser entendida si se razona en términos de *internacionalización* del capital y de las relaciones capitalistas y no en términos de "economías nacionales" competidoras. La confirmación de esta nueva dependencia se encuentra en *las verdaderas capitulaciones sucesivas* del Mercado

Común en este período de crisis y, sobre todo, de sus diversos integrantes que funcionan —y no por azar— en un *orden disperso,* frente a las exigencias norteamericanas (dominio monetario, energético, etc.). Uno de los efectos de esta nueva dependencia es la falta de unificación del capital y por lo tanto, actualmente, de los diversos países europeos: las relaciones *entre ellos* son "exterocéntricas", es decir, que pasan por la relación que cada país mantiene con Estados Unidos. Elemento clave a retener en cuanto a la actitud de Europa hacia los regímenes que nos ocupan. Ése es el primer punto.

Segundo punto: *la reactivación e intensificación considerables* —proceso correlativo de la crisis actual del capitalismo— *de las contradicciones interimperialistas,* particularmente entre Estados Unidos y la Europa del Mercado Común, que no es en absoluto incompatible con el primero. Sólo la concepción del "superimperialismo" puede identificar la hegemonía de un país imperialista sobre los otros con la "pacificación" de las contradicciones interimperialistas, aunque se pueda clamar por la eliminación pura y simple de esa hegemonía en el momento en que las contradicciones se reactiven. Esas contradicciones actualmente se intensifican: batallas campales por la conquista de cotos de exportación de capitales a fin de contrarrestar la tendencia a la baja de las tasas medias de beneficio (recesión) en los centros imperialistas, pero también, en el contexto de estos últimos años de desequilibrio de las balanzas de pagos, por la exportación de mercancías y el control de las materias primas. Intensas luchas igualmente por el control de países que pueden servir de *relevos intermedios* al capital imperialista en su expansión ulterior fuera de esos países: caso característico para Portugal y Grecia. La cuestión del control del petróleo no ha hecho sino acentuar esa situación.

Las contradicciones entre Estados Unidos y el Mercado Común se han puesto particularmente de manifiesto en los países que nos ocupan, a través de la estrategia propia que esboza el Mercado Común en la cuenca mediterránea. Pero hay una cuestión que subsiste: la del papel de esas contradicciones en la caída o las modificaciones de los regímenes portugués, griego y español.

Empezaré por decir, retomando los puntos precedentes del análisis, que, por un lado, esta contradicción no tuvo un papel *directo o inmediato* y, por el otro, *que sería totalmente falso creer que la Europa del Mercado Común ha efectivamente jugado a fondo una carta democrática a fin de poner radicalmente en cuestión los intereses norteamericanos, de los que esos regímenes serían los representantes exclusivos.* En efecto, no se trata, entre Estados Unidos y Europa, de una contradicción explosiva de dos contraimperialismos equivalentes (Europa como tercera fuerza) que se disputarían paso a paso la *hegemonía,* sino, fundamentalmente, de contradicciones inherentes al *reacomodo* de la relación de fuerzas, siempre bajo la hegemonía norteamericana. Además, esos regímenes mismos, de Caetano a Papadópulos-Markezinis e incluso Opus Dei bajo Franco, han insistido explícitamente en integrarse al Mercado Común en virtud, como ya veremos, de la compleja relación que mantenían o mantienen (España) con las distintas fracciones de sus propias burguesías. Aunque la integración al Mercado Común no se haya producido, es precisamente con esos regímenes que la importación del capital europeo en esos países y el volumen de intercambios preferenciales entre ellos y Europa, alcanzaron grandes proporciones suplantando, en cierta medida, a los de Estados Unidos.

En resumen, nada más falso que pensar que el Mercado Común *—en cualquier sentido que sea—* haya boicoteado económicamente a esos regímenes. Pese a las declaraciones justificatorias por parte de Europa, alegando la ausencia de instituciones democráticas, la integración de esos países al Mercado Común no se cumplió, esencialmente a causa de los considerables problemas del

Mercado Común agrícola (la *Europa verde*), directamente amenazado por haberse atribuido a esos países la categoría de estado miembro pleno y por el trato que de esa integración resultaría para sus exportaciones agrícolas hacia el Mercado Común: eso se ve por otra parte en las dificultades *actuales* que encuentra la integración de Grecia y Portugal. Pero, del lado de los regímenes militares esta vez, es igualmente falso considerar que han jugado la única carta —exclusiva desde el punto de vista económico— de Estados Unidos contra Europa. De tal modo la estrategia económica del Mercado Común con respecto a estos países no implicó, tal cual y necesariamente, el cambio de sus regímenes, lo que no puede entenderse si no se abandona la idea de una contradicción explosiva y antagónica entre Estados Unidos y el Mercado Común.

Eso no quiere decir, sin embargo, que esa contradicción no haya desempeñado un papel importante en la erosión y caída de esos regímenes, pero ese papel se manifestó de una manera muy particular.

1. Se manifestó, fundamentalmente, a través de la reproducción inducida y específica de la contradicción en el seno mismo de esos países, a saber, en el grado más alto, por las consecuencias de esta contradicción *en las diferenciaciones internas de sus clases dominantes* (nos detendremos sobre esto en el capítulo siguiente). La contradicción Estados Unidos/Europa, inscripta en el actual proceso de internacionalización del capital, ha sufrido el impacto de los fraccionamientos internos y de las diferenciaciones estratégicas del capital endógeno de esos países, según las líneas divergentes de dependencia que lo polarizan ya sea hacia el capital norteamericano, ya hacia el europeo. Líneas de divergencia que, dicho sea de paso, atraviesan de lado a lado al capital endógeno monopolista y no monopolista: aunque la fracción de la burguesía interesada en la integración al Mercado Co-

mún ofrece características muy particulares, no se trata de un capital monopolista exclusivamente ligado al capital norteamericano, en tanto que el capital no monopolista se volvería, en bloque, hacia una solución europea. En Grecia y España especialmente (Unión de industriales griegos, corporación patronal; Opus Dei en España), planos enteros del capital monopolista han seguido la estrategia de integración al Mercado Común.

Así, las contradicciones entre Estados Unidos y Europa han tenido como efecto principal en esos países *una inestabilidad hegemónica de los bloques en el poder, como consecuencia de la intensificación de las luchas entre fracciones de sus propias burguesías.* Es decir, que la *forma de régimen* de esas dictaduras militares no permitía la regulación de las contradicciones por medio de la representación orgánica de sus diversas fracciones en el seno del aparato del Estado, ni tampoco el establecimiento, sin sacudidas graves, del equilibrio de compromisos. Equilibrio necesario al funcionamiento de su dominación política, si se tiene en cuenta el contexto de intensificación de las contradicciones internas de esos bloques en el poder provocada, entre otras causas, por la internacionalización del capital y las contradicciones Europa/Estados Unidos en su propio seno. A eso se agrega el hecho de que la caída o la erosión de estos regímenes ha correspondido a una redistribución de la relación de fuerzas, en el seno del bloque en el poder, en favor de la fracción del capital polarizada hacia el Mercado Común y en desmedro de la polarizada hacia Estados Unidos, cuyos intereses estos regímenes representaban de manera preponderante aunque de ningún modo exclusiva. Pero no se trataría —en tanto la situación de dependencia no es radicalmente eliminada (en cuyo caso el problema no se plantearía)— de un derrumbe efectivo y neto de la hegemonía de un capital comprador ligado al capital norteamericano (dictaduras militares) en favor de un capital endógeno ligado al capital europeo (regímenes democráticos). Así como la contradicción Europa/Estados Unidos no es una contradicción explosiva y antagónica, su reproducción en el seno del bloque en el poder no se traduce en una contradicción semejante. Si me adelanto en estos puntos, es para indicar desde ahora que sería falso creer que sólo el derrocamiento de las dictaduras en esos países significaría, como tal, el cuestionamiento radical del papel del capital norteamericano y su inclinación hacia una "Europa—tercera fuerza", como si se tratara, para esos países, de una real *alternativa*: *o bien* "colonias americanas", *o bien* "integración al Mercado Común". La única solución es en este caso la de un proceso de independencia y liberación nacionales respecto del imperialismo y su conjunto.

2. Dicho esto, no habría que excluir, en la actitud de Europa frente a los regímenes de dictadura militar, el papel considerable que ha desempeñado, y continúa desempeñando, la *solidaridad* de los movimientos democráticos y populares de esos países y de su opinión pública hacia los pueblos portugués, español y griego, y su *masiva hostilidad* a los regímenes dictatoriales, sin ninguna comparación en este sentido con lo que pasa en Estados Unidos. Eso estuvo en la base de cierta cautela por parte de los gobiernos europeos, reserva que si bien no explica la no-integración de esos países al Mercado Común, al menos surge como una condición *previa,* a la apertura de un proceso de integración, de hecho bastante problemático. Si ello permitía a los países europeos sacar todo el provecho de la situación de dependencia de esos países sin correr los riesgos de una integración, eso no impidió que los sectores de las burguesías endógenas de los países interesados en la integración absoluta tuvieran perfectamente en cuenta tal situación.

3. En fin, las contradicciones entre Estados Unidos y Europa igualmente han incidido en las divergencias ac-

tuales que tienen que ver con la estrategia a la vez internacional y militar, e incluso en el seno de la OTAN. Dos ejemplos: en el primero, se pueden advertir las divergencias entre Estados Unidos y Europa a propósito de la actitud frente al conflicto árabe-israelí y, en cierta medida, de la actitud frente a los países productores de petróleo en el contexto de la crisis energética; el segundo se vincula con las divergencias sobre los problemas de la defensa europea y el atlantismo. Por cierto, no tengo la intención de entrar en el examen de esas cuestiones: está claro que las contradicciones entre Estados Unidos y Europa se manifiestan actualmente por un cierto cuestionamiento de una estrategia y diplomacia internacionales —también de una defensa militar—, que es posible identificar, hasta en los más mínimos detalles, con los estrictos intereses político-económicos de Estados Unidos, que representaba al atlantismo tradicional.

De todos modos, si se toman en consideración las observaciones anteriores, se verá que actualmente no se trata para Europa —que, por otro lado, no tiene una posición unificada sobre estos problemas—, de "liberarse" realmente de una estrategia internacional y de una alianza militar bajo la hegemonía de Estados Unidos, *sino de lograr un margen de maniobra bajo esa hegemonía.* En consecuencia, de hecho Europa no intervino activamente en el derrumbe efectivo de los regímenes de dictadura militar "exclusivamente ligados" en este sentido a Estados Unidos: las declaraciones de comprensión del gobierno francés después que Grecia hubo dejado —por lo demás, más bien de manera formal— la alianza militar de la OTAN, no deben dar lugar a ilusiones. En primer lugar, porque los gobiernos europeos actuales, al mismo tiempo que rehúsan sistemáticamente una política de desarme, están lejos de poder tomar con eficacia el relevo del poderío norteamericano en esos países. En segundo lugar, en razón del temor de las burguesías europeas a que se desencadene un proceso incontrolable que podría conducir efectivamente a una "neutralidad" de esos países y, de este modo, al debilitamiento considerable de la OTAN en su conjunto. En una palabra —y esto concierne más particularmente a los regímenes militares de esos países—, si esos regímenes y sus ejércitos constituían o constituyen las piezas maestras del dispositivo norteamericano en Europa (incluyendo a España), estrechamente dependientes de él, sería simplista también desde ese punto de vista considerar que —en dirección opuesta a los otros países europeos— no han sido o no son (España) otra cosa que *simples peones* o *sirvientes* de la estrategia diplomática y militar de Estados Unidos. Ejemplo patente: la diplomacia abiertamente proárabe de los regímenes de la junta griega y de Franco, sosteniendo los intereses propios de las burguesías de esos países en el continente africano.

Ahora bien, las contradicciones entre Estados Unidos y Europa en este dominio —principalmente en el seno de la OTAN— han desempeñado un papel real en el derrocamiento o las modificaciones de esos regímenes, pero un papel que en este caso también se manifiesta de una manera particular: ellas han tenido repercusión en las *contradicciones internas* de los aparatos del Estado, en especial *en el seno mismo del ejército,* que ha sido, o es, el aparato principal de esos regímenes. Eso dio lugar a fraccionamientos internos del aparato militar en grupos y facciones, algunos predicando un atlantismo a todo vapor, otros, en cambio, partidarios de una estrategia diplomática y militar más independiente respecto de los estrictos intereses económico-políticos de Estados Unidos. Contradicciones que actualmente se ponen de manifiesto (basta ver las discusiones sobre la estrategia militar dentro del ejército francés) en los ejércitos del conjunto de los países europeos, contradicciones que han tenido, en el caso que nos ocupa, un peso considerable. Al funcionar el ejército de las dictaduras militares —a causa de la prohibición de los partidos políticos— como *verdadero partido político de la burguesía,* las contradicciones en el seno de las burguesías, entre capital con estrategia europea y capital enteramente subordinado a Estados Unidos, se han manifestado con mucha fuerza. Las luchas internas de dichas fracciones, en lo que especialmente se refiere al papel y la función de la OTAN, han sido en particular intensas dentro de los aparatos militares griego, portugués y español, contribuyendo a la *característica inestabilidad* de los regímenes griego y portugués durante su última etapa.

Después de estas observaciones cuyo objetivo era a la vez mostrar la supremacía de los "factores internos" sobre los "factores externos" y señalar el papel de las contradicciones internas en el seno mismo de los aparatos de esas dictaduras en su caída o deterioro, conviene tener en cuenta la estrategia propia de Estados Unidos respecto de esos regímenes.

En este caso también hay que cuidarse de las explicaciones simplistas: en primer lugar —y es demasiado evidente para que se insista en ello—, Estados Unidos ha sostenido sistemática y constantemente a esos regímenes militares; en el caso griego, incluso desempeñó un papel eminente en su instauración. Pero sería falso tanto sacar la conclusión de que la caída o el deterioro se produjo y se produce *a pesar* o *contra* la "voluntad" de Estados Unidos, como sostener, inversamente, que se debió o se debe a *la instigación* directa de Estados Unidos. En razón de las circunstancias en que tuvo lugar el cambio de régimen, este último tipo de error se cometió particularmente a propósito de Grecia: numerosos sectores de la opinión pública europea vieron allí la mano de un Kissinger despidiendo a Karamanlis con el fin de democratizar un régimen que ya se había convertido en un estorbo. Por su lado, el partido comunista griego en el exterior y A. Papandreu, también creyeron ver durante los primeros días el dedo de los norteamericanos, pero tratando de perpetuar el "monarco-fascismo" bajo otra fachada.

Tales explicaciones descuidan el peso específico de los factores internos y al sobrestimar el papel de Estados Unidos, se equivocan al mismo tiempo sobre el sentido de la política norteamericana.

1. Existe, ciertamente, *una* estrategia global de Estados Unidos en la fase actual del imperialismo, pero no hay *una* táctica de Estados Unidos, sino *varias*. Estados Unidos ha adquirido una larga experiencia en la represión de pueblos y en su papel de gendarme de las burguesías occidentales: no pone todos sus huevos en la misma canasta y, en materia de estrategia, no apuesta a una sola carta.

En realidad, Estados Unidos se queda siempre con varias cartas en la mano. Por supuesto, todas las cartas no son para ellos equivalentes y prefieren unas a otras, aunque, a menudo, las juegan *simultáneamente*. Esto quiere decir que su estrategia puede adaptarse a *varias soluciones* en los países de su zona de dependencia.

En la pieza que se representó en Grecia —hasta ahora también en Portugal— o en la que se da actualmente en España, eso se ve con claridad. En Grecia, y según orden de preferencia para Estados Unidos:

☐ apoyo a la dictadura militar casi hasta el final, que sin embargo, tal como era y en razón de su deterioro, se convertía en un caballito de batalla cada vez menos seguro;

☐ salida que implicara una evolución de la dictadura hacia una simple fachada "legal", que fracasó bajo Markezinis-Papadópulos en 1973, pero que hubiera podido reeditarse;

☐ propuesta de un cambio político más importante, pero en el que el aparato militar continuara manteniendo "dominios reservados";

☐ solución Karamanlis;

☐ solución Kanelópulos, hombre de la derecha liberal, mucho más abierto a las organizaciones de resistencia que Karamanlis;

☐ salida de un gobierno de transición bajo la égida del centro, de carácter vagamente socialdemócrata de derecha, del tipo actual en Alemania, etc.

Análogos guiones pueden escribirse respecto de Portugal: del apoyo al núcleo más duro de la dictadura a un caetanismo de apariencia liberal y hasta incluso una cierta forma de spinolismo o de gobierno centrista (considerar la actual ambigüedad de la política norteamericana respecto de Portugal). Y lo mismo podría decirse en cuanto a España y a las salidas que allí se dibujan.

Todas estas soluciones, es cierto, no son apoyadas por Estados Unidos con la misma intensidad, ni con la misma constancia, ni por los mismos medios: su actitud frente a la multiplicidad de salidas "aceptables" posibles, va desde diversos grados de apoyo a la aceptación más o menos pasiva de soluciones que considera como *el mal menor,* para llegar, ciertamente, *hasta el punto de ruptura.* Lo que muestra que sería muy simplista considerar que todo cambio en los países dependientes que no vaya más allá del punto de ruptura, se debe o corresponde a una voluntad consciente y unívoca de Estados Unidos. Decir, por ejemplo, que en Grecia la solución Karamanlis responde a la "voluntad" de Estados Unidos es al mismo tiempo *verdadero* y *falso,* en la medida en que no representaría para ellos más que *una* carta entre otras, a la vez *en retroceso* y *en avance* en relación con otras, dentro del orden de preferencia.

Esta táctica *polivalente* de Estados Unidos que, por otro lado, es posible comparar con la táctica similar de las burguesías en general que se relaciona con sus formas de dominación política sobre las masas populares (el caso extremo, por ejemplo, de los gobiernos socialdemócratas, una salida que persiguen o simplemente toleran las burguesías según las circunstancias), implica para ellos a la vez ventajas e inconvenientes. *En cuanto a las ventajas*: les permite la perpetuación de su dominio bajo formas diversas, adaptables a las circunstancias concretas. *En cuanto a los inconvenientes*: a fuerza de multiplicar las tácticas —y teniendo en cuenta la importancia del peso de los factores internos de cada país y, en primer orden, de las luchas de sus masas populares—, se multiplican los riesgos de *que se resbale* o *se pierda el control* si se adopta tal o cual salida, originalmente juzgada aceptable e incluso deseable. Sucede entonces, frecuentemente, en la fase actual del crecimiento de las luchas a nivel mundial que las cartas se les escapen de las manos. Eso nos interesa especialmente pues la pérdida de control es clara para Estados Unidos en el caso de Portugal y, en cierta medida, el resbalón se produjo también con Karamanlis en la cuestión chipriota.

Cabe agregar un segundo elemento, en cuanto a la estrategia mundial de Estados Unidos. Se refiere a la extensión del espectro de salidas consideradas aceptables o tolerables por tal o cual país, en una región del mundo, particularmente en Europa. Esta extensión depende, para un determinado país, de las posibilidades de recuperación ofrecidas o no por los otros países de la misma zona. Eso se ve claramente en la cuestión de Chipre: después del fracaso de la carta griega de los coroneles para lograr un reparto de la isla que la integraría a la OTAN, los norteamericanos apostaron a la carta turca con éxito esta vez, de tal modo que el reparto de la isla, principal objetivo buscado, constituye ya, de todas maneras, prácticamente un hecho. En lo que respecta especialmente a la cuestión de la OTAN y de las bases norteamericanas en la cuenca del Mediterráneo, la escalada de Estados Unidos contra los regímenes que pueden poner en duda sus privilegios y regalías, depende de las posibilidades de desplazamiento de sus bases a los países lindantes. Eso explica, entre otros, el hecho de que —después de los acontecimientos de Portugal y Grecia y aún antes de aquellos previsibles a corto plazo en España— sea *hacia Italia* donde se desplace la estrategia de Estados Unidos, ¡sin que ello quiera decir, *lejos de eso,* que hayan tachado a Portugal y Grecia!

2. La pluralidad de tácticas de Estados Unidos no se debe simplemente a una actitud consciente de su parte: surge también de las contradicciones mismas del capital norteamericano. En efecto, otra forma de sobrestimar al enemigo consiste en subestimar sus contradicciones internas. El capital norteamericano internacionalizado y las grandes firmas multinacionales norteamericanas presentan contradicciones importantes con las fracciones de ese capital, cuya base es la acumulación y la expansión, principalmente en el interior del país; de allí la oscilación de la política norteamericana entre un expansionismo agresivo, que lleva constantemente la delantera, y una tendencia permanente hacia una forma de aislacionismo. Existe otra contradicción, que no coincide pura y simplemente con la primera, entre gran capital monopolista y capital no monopolista, todavía importante en Estados Unidos: ella se manifiesta, entre otras, por la forma particular de funcionamiento de leyes antitrust en Estados Unidos, que hasta hace muy poco pusieron en dificultad a firmas multinacionales de siniestra reputación como la ITT o ATT. Teniendo en cuenta la forma de régimen propia de Estados Unidos, esas contradicciones internas se traducen en contradiciones importantes en el seno de los aparatos del Estado. Hay que ver allí un caso original de "fascismo exterior", es decir, de una política exterior que, las más de las veces, no titubea en recurrir a los peores genocidios y que, sin embargo, se encarna en instituciones que si bien están lejos de representar una democracia burguesa ideal —basta sólo pensar, entre otras, en la situación de las minorías sociales étnicas en Estados Unidos—, por lo menos permiten una

representación orgánica de las diversas fracciones del capital en los aparatos y ramas del aparato del Estado. Un régimen semejante, si bien está fundado en una verdadera *unión sagrada* de la gran mayoría de la nación sobre los principales objetivos políticos (unión sagrada de la que habría mucho que decir), necesariamente se acompaña de contradicciones constantes y abiertas en el seno de los aparatos del Estado.

Esas contradicciones se expresan precisamente en las tácticas divergentes y simultáneas de los diversos aparatos del Estado de Estados Unidos en materia de política exterior. La CIA, el Pentágono y el aparato militar, Relaciones Exteriores, el Ejecutivo —la administración— y el Congreso, a menudo adoptan tácticas diferentes. Eso se vio y todavía se ve en Grecia, Portugal y España. Pero es más aún: esas tácticas son a veces *paralelas* y suscitan redes también paralelas que se ignoran entre sí o bien se combaten unas a las otras. El caso de la CIA y del Pentágono, literalmente en cortocircuito con el Departamento de Estado en el caso de la cuestión chipriota o, más recientemente, en Portugal, ofrece un ejemplo característico de estas prácticas. Las contradicciones tienen asimismo sus efectos propios y los riesgos de provocar un resbalón proporcionalmente se ven acrecentados: no se deben solamente a la multiplicación consciente de las tácticas adoptadas en un caso preciso, sino también a tácticas paralelas y divergentes ligadas a las contradicciones propias de Estados Unidos. En suma, nada más falso que considerar a Estados Unidos —y su política exterior— como un bloque monolítico sin fisuras.

Todas estas observaciones conducen en definitiva a las mismas conclusiones: no solamente los factores internos de los distintos países de la zona de influencia de Estados Unidos desempeñan el papel principal en las diversas coyunturas, sino que las intervenciones mismas de la política exterior de Estados Unidos —en razón de las tácticas polivalentes y de las contradicciones que ellas cristalizan—, dejan a esos países un margen de maniobra que responde, en último análisis, a las contradicciones propias del adversario.

Por otra parte, en Europa y muy especialmente en la cuenca mediterránea, ese margen de maniobra se inscribe en las relaciones contradictorias entre el Este y el Oeste —entre la URSS y Estados Unidos—, lo que lleva a plantear la incidencia del papel de la URSS en el cambio de régimen de los países a que nos referimos. En ese aspecto, también, es necesario considerar una tendencia doble.

En primer lugar, el acuerdo sobre el mantenimiento del equilibrio global de fuerzas mundiales entre Estados Unidos y la URSS en las zonas de influencia de ambas superpotencias. Si bien ello no implica ciertamente un *statu quo* rígido, hasta el detalle más ínfimo, de la situación interna de los países de las zonas de influencia respectivas, significa que las dos superpotencias hacen *lo que su poder* (que está lejos de ser absoluto) *les permite* para que las modificaciones dentro de cada país no provoquen a largo plazo un trastorno de la relación de fuerzas en el mundo, es decir, que no haya riesgo de que se aparten del reequilibramiento controlado de esa relación.

En cuanto a la actitud de la URSS y de los países del Este hacia los regímenes dictatoriales de Portugal, España y Grecia, ha sido por cierto crítica y negativa, pero eso no implica —es lo menos que se puede decir— que la URSS y los países del Este, *en tanto que Estados,* hayan adoptado una política que pusiera eficazmente en cuestión a esos regímenes. De Grecia, en donde los intercambios económicos y diplomáticos con los países del Este conocieron un notable florecimiento bajo la junta de los coroneles, a España, donde se asiste a un desarrollo apreciable de las relaciones económicas entre los países del Este y el régimen franquista, las cosas son lo suficientemente claras.

Sin embargo, ésa no es más que la primera hoja de la cuestión de las relaciones entre Estados Unidos y la Unión Soviética, ampliamente conocida para que insistamos en ella. La segunda es en otro sentido más importante: ese equilibrio de relación de fuerzas es dinámico y eminentemente inestable puesto que no excluye, de ninguna manera, las *contradicciones considerables* entre Estados Unidos y la URSS. A decir verdad, se trata de un *reequilibramiento permanente* de esa relación a través de las *fisuras* producidas por las contradicciones. En este sentido, un factor importante desde hace algunos años consiste en el elemento *nuevo* de la presencia directa de la URSS —a través del conflicto árabe-israelí— como potencia de primera magnitud en una región que era hasta entonces coto de caza de Estados Unidos. La presencia soviética en el Mediterráneo es un *elemento constitutivo* del nuevo reequilibrio de la relación de fuerzas y tiene efectos importantes para los países de esta región: al provocar, por parte de Estados Unidos, un intento de refuerzo del control de los países de la OTAN, convierte *al mismo tiempo* sus intervenciones masivas y abiertas en la región en algo mucho más arriesgado que antes. Esto, sin lugar a dudas, puede tener (España) o ha tenido efectos fundamentalmente *positivos* en las circunstancias del derrocamiento de los regímenes dictatoriales, en especial en Grecia. Digamos que las masas populares de esos países han podido o pueden *sacar provecho de las contradicciones entre Estados Unidos y la URSS,* aunque su camino, en razón de dichos intentos de control por parte de Estados Unidos, se sitúa en el filo de la navaja. Esta situación pudo verificarse en Grecia cuando el conflicto de Chipre en los escarceos espectaculares de Estados Unidos, debidos, entre otras causas, a la actitud firme, aunque prudente, de la URSS, actitud que, en particular, hizo demasiado riesgosa una intervención norteamericana masiva en favor de la junta militar.

3

LAS CLASES DOMINANTES

La cuestión esencial en el derrocamiento de los regímenes dictatoriales en Portugal y Grecia y en las modificaciones que se anuncian en España es: ¿qué papel han desempeñado exactamente los *factores internos*? Mas precisamente, ¿de qué manera los factores llamados "externos" que tienen que ver con las modificaciones de la fase presente del imperialismo *se han reproducido e interiorizado en el seno mismo de las estructuras económico-sociales de esos países?*

El primer punto se vincula con las modificaciones en el seno de *las clases dominantes de esos países.* Hay que recordar aquí las observaciones acerca de las nuevas formas de dependencia que caracterizan, para ciertos países dependientes, sus relaciones con el centro del imperialismo: por un lado, la rápida destrucción —por las formas que revisten las actuales importaciones de capitales extranjeros en esos países— de modos y formas de producción precapitalistas; por el otro, el proceso de *industrialización dependiente* debido a la tendencia —dentro del proceso actual de internacionalización de la producción y del capital— del capital extranjero a invertirse en los sectores del capital industrial directamente productivo.

Eso permite el surgimiento o el desarrollo en esos países de una nueva fracción de sus burguesías, que aparece muy claro en Grecia y España y, en menor grado, en Portugal; fracción que en otro momento denominé *burguesía interior.* A causa del incentivo de esta industrialización se crean o desarrollan, injertándose sobre el proceso, núcleos de burguesías autóctonas de *carácter principalmente industrial* (capital directamente productivo) en el dominio de la industria ligera de bienes de consumo, menos frecuentemente en el de la industria pesada: electrodoméstico, textil, mecánico, pero también metalurgia (acero) y química; finalmente, en el dominio de las industrias de la construcción (fábricas de cemento, etc.). Tal es el caso, en Grecia, de la burguesía agrupada en la Unión de Industriales Griegos; en Portugal, de ciertos capitales autóctonos de la zona industrial Lisboa-Setubal-Porto, capitales que gravitaron en la modificación de la política económica, *intentada pero fallida,* durante Caetano, por R. Martins y su proyecto de *Fomento Industrial* de 1972; en España, en fin, de una gran parte de la burguesía autóctona con la burguesía catalana y vasca a la vanguardia, así como de un sector del *capital público* bajo control del INI (Instituto Nacional de Industrialización). Esas burguesías por otro lado no se limitan únicamente al dominio industrial, sino que se extienden a áreas que dependen directamente del proceso de industrialización: trasporte, circuitos de distribución (capital comercial), e incluso al de diversos servicios (en particular el turismo). Se distinguen de las antiguas fracciones de la burguesía por la complejidad inédita de sus relaciones con el capital extranjero.

Ante todo, se diferencian de la *burguesía compradora*. todavía muy importante en esos países. Podemos considerar como burguesía compradora (a veces designada con el término de *oligarquía*) aquella cuyos intereses están completamente subordinados a los del capital extranjero y que funciona, en cierta manera, como relevo e intermediario directo para la implantación y reproducción del capital extranjero en esos países. La actividad de esta burguesía compradora a menudo tiene un carácter especulativo, se concentra en los sectores financieros, bancarios y comerciales, pero puede también situarse en el sector industrial, en ramas enteramente dependientes y subordinadas al capital extranjero. Se la halla en Grecia:

un ejemplo es el de los armadores (Onasis, Niarchos, etc.) y el de los capitales invertidos en la construcción naval, las refinerías petroleras, etc.; en Portugal, con algunos grandes grupos (CUF, Espíritu Santo, Borges e Irmão, Portugués do Atlãntico, etc.) que siendo predominantemente bancarios y controlando gran parte de la producción autóctona, están al mismo tiempo articulados en torno al eje de la explotación de las colonias africanas; grupos, en suma, estrechamente ligados al capital extranjero en Portugal y en sus colonias; en España, finalmente, el caso, característico para ese país, de una parte del importantísimo sector bancario y financiero (en particular de los bancos industriales) y de las industrias que dependen directamente de él. Desde el punto de vista político, esta burguesía constituye el verdadero soporte y agente del capital imperialista extranjero.

En compensación, la *burguesía interior,* siendo dependiente del capital extranjero, presenta, sin embargo, *contradiciones importantes respecto de él.* En primer lugar, porque resulta despojada en el reparto del pastel de la explotación de las masas: la trasferencia leonina del plusvalor se hace a sus expensas y en favor del capital extranjero y de sus agentes, la burguesía compradora. Luego porque, concentrada principalmente en el sector industrial, está interesada en un desarrollo industrial menos polarizado hacia un desangramiento del país por el capital extranjero y en una intervención del Estado que le aseguraría cotos de caza en el interior, pero que la haría también más competitiva frente al capital extranjero; ella aspira a la ampliación y al desarrollo del mercado interno mediante cierta elevación del poder de compra y consumo de las masas que le significaría más ventas; ella busca, en fin, una ayuda del Estado que le permita desarrollar sus exportaciones.

Aún hay que decir —y eso es muy importante para la política de esta burguesía interna respecto de las dictaduras— que no se trata, en su caso, de una verdadera *burguesía nacional,* de una burguesía realmente autónoma en relación con el capital extranjero que podría desempeñar un primer papel en la lucha antimperialista por una independencia nacional efectiva, lo que a veces llegó a producirse en esos países (sobre todo en España), durante las fases precedentes del imperialismo. El desarrollo de esta burguesía interior coincide con la internacionalización de los procesos de trabajo y de la producción y con la internacionalización del capital, en suma, con la reproducción inducida de las relaciones capitalistas dominantes en el seno mismo de las diversas formaciones sociales. En consecuencia, aunque su existencia crea contradicciones con el capital extranjero, esta burguesía interior es, en cierta medida, *dependiente* de los procesos de internacionalización bajo la égida del capital extranjero: dependiente del proceso tecnológico y de la productividad del trabajo, de la red compleja de subcontratos con el capital extranjero, del sector de la industria ligera y de los bienes de consumo en el que frecuentemente se acantona en sus relaciones con la industria pesada (sector privilegiado de las sociedades multinacionales extranjeras) y también de los mercados comerciales. Eso explica, entre otras cosas, la *debilidad política* de esta burguesía interior que, aunque trate de traducir políticamente sus contradicciones con el capital extranjero y la gran burguesía compradora, no puede, la mayoría de las veces, ejercer una hegemonía política a largo plazo sobre las otras fracciones de la burguesía y de las clases dominantes, en suma, sobre el *bloque en el poder.*

A eso se agregan dos características importantes.

a] La burguesía interior no llega a cubrir totalmente las brechas entre *capital monopolista* y *capital no monopolista.* Si bien la burguesía interior en los países que nos ocupan comprende una parte del capital no monopolista (las famosas pequeñas y medianas empresas), también existen en ella bloques enteros de capital monopolista; inversamente, habría bloques enteros de capital no monopolista completamente subordinados —a través de subcontratos y de canales comerciales— al capital extranjero. De este modo, aunque la burguesía interior presenta cierta unidad política en sus contradicciones respecto del capital extranjero, en sí misma está profundamente dividida, en la medida en que la contradicción entre capital monopolista y capital no monopolista la atraviesa de lado a lado —lo que no deja de gravitar en su debilidad política.

b] La burguesía interior permanece siempre relativamente dependiente del capital extranjero: las contradicciones entre los diversos capitales extranjeros en esos países, en particular, las que existen entre capitales de Estados Unidos y capitales del Mercado Común o entre las diversas fracciones del capital internacionalizado (industrial, bancario, comercial), repercuten y se reproducen en el seno mismo de la burguesía interior, según las líneas divergentes de dependencia que la atraviesan. La burguesía interior está marcada por el carácter "exterocéntrico" del conjunto de la economía de esos países, polarizado hacia un proceso de internacionalización bajo la égida del capital de los países dominantes. Ése sería otro de los factores de la debilidad política de esta burguesía.

Sea como fuere, la distinción entre burguesía interior y burguesía compradora no remite a una distinción simplista entre una burguesía "encerrada" y "aislada" en su espacio nacional y una burguesía internacionalizada, es decir, a una distinción *espacial,* sino *al proceso de internacionalización del capital* y a sus diversos *momentos, etapas* y *alternativas* tal como se manifiestan en cada formación social. La distinción entre burguesía compradora y burguesía interior, al mismo tiempo que surge de la nueva *estructura* de dependencia, no es una distinción estadística, empírica y fijada de manera rígida de una vez para siempre: se trata de una *tendencia* a la diferenciación, cuya *configuración concreta* depende, en cierta medida, de la *coyuntura.* Un capital, una fracción del capital, una rama industrial, una empresa, originariamente ligadas al capital extranjero, pueden cobrar en el proceso una relativa autonomía y situarse progresivamente del lado de la burguesía interior, así como, a la inversa, originariamente autóctonas, pueden progresivamente caer bajo la dependencia del capital extranjero —proceso de *reclasificación constante* que hay que tener siempre en cuenta.

Este fenómeno de burguesía interior no concierne solamente a España, Grecia y, en menor grado, a Portugal: a causa de la dependencia original y compleja de Europa respecto de Estados Unidos, se produce en la mayoría de los países europeos. Pero hay diferencias considerables entre las burguesías interiores de los países imperialistas europeos y las de países que se sitúan del lado de los países dominados, en la línea principal de demarcación de la cadena imperialista. Esas burguesías no solamente tienen una base económica mucho más débil que la de las burguesías interiores de los otros países europeos, sino que están marcadas por una *debilidad ideológica y política* en países donde la introducción y desarrollo del capitalismo se han hecho ya sea a partir de una base endógena muy restringida de acumulación primitiva de capital (Portugal, España) o ya, en su origen, bajo la égida del capital extranjero (Grecia). Hecho notable: la incapacidad de las burguesías portuguesa, española y griega *para llevar a buen término su propia revolución democrático-burguesa.* Por cierto, hay que cuidarse de un modelo ideal-típico de revolución democrático-burguesa, sobre el que se medirían estos "fracasos"; modelo que, en la imaginería política, mezclaría en cierta forma una Revolución francesa con los resultados de la Revolución inglesa: ¡un modelo de Revolución francesa pero sin sus Bonaparte! Un modelo semejante, es necesario decirlo, jamás ha existido y, si se lo tomara como referencia, todas las revoluciones democrático-burguesas habrían más o menos "fallado" o "fracasado"; en último término, no habrían ni siquiera existido verdaderamente. No es menos cierto que, si se examina lo que sucedió en relación con los otros países europeos (incluida Alemania), las diferencias son netas y se manifiestan particularmente en la *incapacidad característica* de las burguesías portuguesa y española y, en menor grado, griega, para constituir un *discurso ideológico burgués de carácter hegemónico* en la formación social y en las dificultades igualmente específicas de esos países para lograr una *organización política propia.* Características que pesan todavía demasiado sobre esas burguesías interiores.

No obstante, el papel de esas burguesías interiores ha tenido su importancia en el cambio de régimen en Grecia y Portugal, así como en el proceso que se dibuja en España. *Es indudable que en los tres casos, progresivamente y en grados diversos, amplios sectores de la burguesía interior han tomado (o toman, en el caso español) distancia respecto del régimen de dictadura militar, retirándole su apoyo. Por el contrario, vastos sectores de las burguesías compradoras lo han sostenido o lo sostienen hasta el final, mediante tácticas complejas.* Cabe estudiar ahora ese aspecto del problema, teniendo en cuenta las características de las burguesías interiores.

1. En primer lugar, esos regímenes han sostenido a la larga, en forma absolutamente predominante, los intereses de la burguesía compradora, de donde surge una subordinación netamente caracterizada respecto del capital extranjero, *hasta tal punto,* que ha terminado por indisponer seriamente a las burguesías interiores.

Hasta tal punto: quiero decir con eso que sería erróneo creer que esas burguesías fueron constante y sistemáticamente perjudicadas por esos regímenes, simples "peones" del capital extranjero, y que, en consecuencia, su actitud haya sido la de una oposición constante, abierta y unívoca a dicho régimen. Además de las ventajas que esas burguesías mismas obtenían de la "paz interna", los regímenes griego y español a menudo apoyaron, e incluso buscaron, su desarrollo. Las burguesías interiores formaban entonces parte del bloque en el poder correspondiente a los regímenes dictatoriales; más aún, en el caso de Grecia, esa burguesía —frente al ascenso de las luchas populares y en ruptura de la representatividad con sus representantes políticos— *apoyó claramente,* a remolque de la burguesía compradora, el establecimiento en 1967 de la dictadura militar. Ahora bien, el desarrollo de las burguesías interiores bajo tales regímenes, debido esencialmente a la internacionalización del capital, reavivó sus contradicciones con la burguesía compradora y estuvo en el origen de sus reticencias cada vez mayores respecto de regímenes que por su relación *constitutiva* con la burguesía compradora y el capital extranjero se convertían para ellas, a partir de entonces, en una *argolla demasiado estrecha.*

Asimismo, la burguesía interior reivindicaba para sí un mayor apoyo del Estado, digamos, que el Estado tuviera en cuenta, en forma más acentuada, sus propios intereses: para decirlo claramente, se trataba para ella de *reequilibrar* en el seno del bloque en el poder los compromisos con la gran burguesía compradora, reequilibrio que le habría permitido adquirir el peso político que le corresponde por su lugar en la sociedad. Pero aún más: en el caso de España, y sobre todo de Portugal, se trataba de romper la configuración misma de ese bloque en el poder marcado por la alianza estrecha entre burguesía compradora y grandes terratenientes —*grandes productores agrarios*— poniendo en cuestión el peso de estos últimos, desproporcionado en el seno del bloque. Sin embargo, en España, el plan de estabilización de 1959, en cierta medida, cuestionaba el peso político del sector agrario en beneficio de la burguesía compradora, lo que, en un grado mucho menor, se había producido en Portugal entre 1950 y 1960. Ese peso, que estaba en el origen mismo de los regímenes español y portugués, no sólo no correspondía más, *en la forma en que todavía se daba,* al sitio económico ya en regresión del agro, sino que constituía, cada vez más, un *freno* al proceso de industrialización. Como consecuencia de las contradicciones acentuadas entre agricultura e industria en el desarrollo de ese capitalismo dependiente, la industrialización sólo podía hacerse en detrimento masivo del campo. Todos estos elementos agravan la contradicción entre capital industrial (burguesía interior) y sector agrario, contradicción, por otro lado, más grave que la que existe entre el sector agrario y el capital bancario en el que la burguesía compradora se concentra por lo general en Portugal y más aún en España. (La situación es diferente en Grecia, a causa de la liquidación, desde hace tiempo, de la gran propiedad.)

En suma, la situación en su conjunto producía una *profundización de las contradicciones* en el seno mismo del bloque en el poder. De ahí la necesidad de una forma de Estado que hubiera podido permitir una *solución negociada* y *permanente* mediante el recurso de una *representación orgánica* de las diversas clases y fracciones de clase del bloque en el poder, es decir, por medio de sus organizaciones políticas propias.

Ahora bien, la burguesía interior conservó largo tiempo la esperanza de que los regímenes dictatoriales mismos asegurarían un proceso semejante, mediando algunos ajustes menores que iban en el sentido de la "normalización" (la famosa "liberalización") del tipo Papadópulos-Markezinis, Caetano, Opus Dei o, más recientemente, Arias Navarro, evolución interna que se mostró imposible. Para dar cuenta de su actitud respecto de los regímenes de dictadura, hay que considerar la política real de la burguesía interior y no tener sólo en cuenta la actitud de sus *representantes políticos* tradicionales. De hecho, algunos de ellos, en España y sobre todo en Grecia, fueron más clarividentes que otros: unos, tomando desde tiempo atrás la alternativa de la oposición al régimen (en España, el caso del carlismo para la burguesía vasca); otros, quedándose desde el principio en la oposición (Unión del centro e incluso varias personalidades del antiguo partido de Karamanlis, en Grecia). Pero la crisis de representatividad entre la burguesía interior y sus representantes tradicionales —uno de los fundamentos de esos regímenes dictatoriales— dejó a la burguesía interior muy por detrás de sus representantes, hasta el momento en que la experiencia demostró la imposibilidad de una evolución interna del régimen. Recién entonces comenzaron a restablecerse los lazos de representación "contra" esos regímenes.

A esta altura, interesa sobre todo señalar brevemente por qué esos regímenes no pueden permitirse las soluciones deseadas por la burguesía interior. Ciertamente, los regímenes de dictadura militar no son bloques monolíticos: los distintos aparatos y ramas de esos regímenes permitían perfectamente la presencia, en el seno del Estado, de los diversos componentes del bloque en el poder, convirtiendo incluso las contradiciones en *contradicciones internas* del régimen, en particular del ejército, su principal aparato. Pero la estructura propia de esos regímenes y sus aparatos no permitían, en la coyuntura, el funcionamiento regular y sin tropiezos de la representación de clase: la eliminación de diversas organizaciones políticas del bloque mismo en el poder (partidos políticos), la rigidez de los aparatos y el paralelismo de sus ramas, los desplazamientos espasmódicos de lugar del poder real, la supresión de las libertades públicas, el desplazamiento del papel de los representantes orgánicos de la burguesía hacia "camarillas" y "clanes" compuestos por un personal (ejército, administración del Estado) frecuentemente de origen campesino y pequeñoburgués, todo, en fin, llevaba en el seno del bloque en el poder a arreglar los conflictos de manera oculta, a golpes y sacudidas. En una palabra, se producía una prodigiosa *incoherencia* (a saber, el reproche de "incompetencia" que hizo la burguesía a esos regímenes) que no solamente excluía la solución política de las contradicciones, sino que a la larga terminaba por poner en cuestión a la organización hegemónica misma de la burguesía.

Por añadidura, la burguesía compradora y los grandes sectores agrarios construyeron fortalezas inexpugnables. En el caso particular de Grecia, la situación perpetuaba la del régimen anterior a 1967, cuando la burguesía compradora ya disponía de un aparato "paraestatal" palacio-ejército, que funcionaba como *doble poder* efectivo, paralelo al gobierno legal. Si en su origen y durante mucho tiempo esos regímenes habían conseguido paliar la *crisis de representatividad* que marcaba las relaciones de las fracciones del bloque en el poder con sus representantes políticos propios, y también logrado convertirse en restauradores de la hegemonía, ese papel no podía más ser jugado *por ellos* en lo que se refiere a la burguesía interior. Ésta, a la vez a causa de sus relaciones conflictivas con la burguesía compradora y de sus tentativas por reequilibrar las relaciones de fuerzas en su beneficio, pero también por sus relaciones particulares con las masas populares, se había dado cuenta de que tenía necesidad de una *representación y de una organización política autónoma.* Es lo que se intentó fundamentalmente a través de la *prensa* y las *ediciones* creando una relativa "liberalización" que muy pronto demostró ser de poco alcance. En efecto, toda tentativa de una liberalización semejante se trasformaba inmediatamente en una brecha abierta para las masas populares y sus organizaciones. En resumen, la experiencia demostró que, a causa de la estructura organizativa propia de esos regímenes y de su relación fundamental con la gran burguesía compradora, la burguesía interior no podía organizarse más que mediante el recurso a un aparato *al margen* de las estructuras internas, lo que, por cierto, no podía ser tolerado por tales regímenes: todo aparato marginal se trasforma rápidamente en bastión contra ellos.

Conviene precisar algunas características de este proceso: no puede en realidad interpretárselo como una lucha de la burguesía interior por la conquista de hegemonía efectiva en el seno del bloque en el poder, o sea como un desplazamiento a largo plazo de la hegemonía de la gran burguesía compradora a su favor. Esta burguesía interior no es una verdadera *burguesía nacional*: sigue siendo económicamente débil, dividida por contradicciones internas, dependiente del capital extranjero y también da pruebas de claras limitaciones en el plano político e ideológico. Su oposición a los regímenes en cuestión fue, o es, *fluctuante* y *vacilante*: si, en última instancia, es capaz de recuperar la dirección del proceso de democratización, eso no quiere decir que se trate de un verdadero proceso de *independencia nacional*. No se trata más que de un reacondicionamiento de las relaciones de la burguesía interior con el capital extranjero y la burguesía compradora, en un sentido que le sea más favorable pero siempre, *a corto o a largo plazo*, bajo la hegemonía renegociada de la burguesía compradora. Es lo que pasa actualmente en Grecia: el gobierno Karamanlis se convierte en el elemento político aglutinador del conjunto de la burguesía griega sobre la base de un nuevo compromiso entre burguesía interior y burguesía compradora, compromiso en el que el programa político del principal partido burgués de oposición —la Unión del centro, representante tradicional de la burguesía interior— constituye una de sus variantes. En cuanto a España, el mismo reequilibramiento, intentado pero fallido en el seno del régimen por la alternativa Opus Dei, ya se dibuja también en la oposición al régimen.

De tal forma que ciertos sectores de la gran burguesía

compradora, conscientes del riesgo que representaban o representan los regímenes de dictadura para el ejercicio de su hegemonía en el seno del bloque en el poder, han jugado a partir de cierto momento (Grecia, Portugal), o juegan (España), al mismo tiempo que el apoyo a los regímenes, la carta de una cierta "defascistización" que les ha permitido mantener constantemente abierto el campo de compromiso con la burguesía interior. A este respecto, sin embargo, aparece una *neta diferencia* en la burguesía interior: en su caso se trata, a la larga, de una oposición estratégica al régimen que se apoya en verdaderas razones estructurales; para la burguesía compradora, se trataba de una política *táctica de recambio* que corría paralela a la principal de apoyo a esos regímenes hasta el final. Sólo en Portugal, a causa del fracaso de la guerra colonial y de sus secuelas, *algunos sectores* de la gran burguesía compradora buscaron, al principio, cierta "vía de salida" del régimen (Spínola). Pero las contradicciones entre esos sectores y la burguesía interior muy pronto estallaron.

Sobre esos elementos, precisamente, se insertan en el seno del bloque en el poder de esos países las contradicciones propias entre capitales norteamericanos y europeos, en una palabra, entre Estados Unidos y el Mercado Común, de las que he hablado en el capítulo precedente. Ahora se puede verificar perfectamente la reproducción inducida de esas contradicciones y su articulación en torno a las fuerzas sociales propias de esos países. A riesgo de esquematizar, puede decirse que fueron sobre todo los sectores importantes de la burguesía interior los que se volvieron hacia una integración de esos países al Mercado Común. Pero, desde luego, no habría que considerar que esta actitud de la burguesía interior correspondía a una política de independencia nacional verdadera que las estructuras del Mercado Común garantizarían a los países miembros. En lo esencial, eso responde al hecho de que las grandes burguesías compradoras (sobre todo en España y Grecia) estaban constitutivamente ligadas al capital norteamericano y por lazos mucho más estrechos que las burguesías interiores. Éstas, por otro lado, incapaces de conducir un proceso de independencia nacional, vieron en el Mercado Común la posibilidad de *ir en contra* de la gran burguesía compradora y, en cierto modo, de *desplazar el peso de una dependencia hacia otra* que podría serles más favorable y permitirles reequilibrar en su beneficio la relación de fuerzas. Si se tiene en cuenta lo que se dijo a propósito de las relaciones Estados Unidos/Mercado Común, eso significaría, en claro, el remplazo de la *hegemonía directa* de Estados Unidos en esos países por su hegemonía indirecta —*mediatizada* de alguna manera por las contradicciones entre Estados Unidos y el Mercado Común. En síntesis, un reacomodo de las relaciones entre el capital norteamericano y las burguesías interiores mismas. Burguesías interiores que, *por lo demás y en razón del contexto,* se inclinaron hacia una salida de democratización de los regímenes.

En la *conjunción* de esos dos factores hay que situar la relación entre democratización de los regímenes e integración de los países al Mercado Común así como lo que se refiere a la política de las burguesías respecto del Mercado Común y la política de Europa frente a esos regímenes. En efecto, esos regímenes han representado, a la larga y en forma predominante, los intereses de la gran burguesía compradora y por lo tanto se han "subordinado demasiado" a la estrategia norteamericana. Pero vale la pena recordar que, por un lado, es inexacto considerar que esta subordinación en sí haya determinado cierta reticencia de los gobiernos europeos a su respecto (¡basta pensar en Gran Bretaña o Alemania!) y por el otro, considerar a esos regímenes como simples "peones" de sus burguesías compradoras y, en consecuencia, del imperialismo norteamericano. A menudo esos regímenes han intentado, permaneciendo tal cual eran y a través de sus relaciones con sus burguesías interiores, integrarse al Mercado Común. Pero, además de la ya mencionada reticencia de las burguesías europeas a la integración de esos países (Mercado Común agrícola), esas tentativas surgieron en un momento en que la naturaleza de esos regímenes molestaba a la burguesía interior misma, caballito de batalla del Mercado Común en esos países a través de las contradicciones de las burguesías europeas con el capital norteamericano. Así se explican, entre otras, las actitudes contradictorias de las burguesías interiores: al mismo tiempo que intentaban una integración al Mercado Común, intervenían ante las burguesías europeas para que esa integración no se hiciera sin un cambio en la naturaleza de los regímenes.

Las contradicciones entre la gran burguesía compradora y la burguesía interior y la reproducción inducida de las contradicciones entre Estados Unidos y el Mercado Común, se articularon de este modo alrededor de ese centro privilegiado que es el *Estado nacional y en consecuencia, la forma de su régimen,* y se concentraron en él. Para comprenderlo, no hay que perder de vista que la fase actual del imperialismo y la acentuada internacionalización del capital y de la producción no ponen para nada en cuestión —a menudo se comete el error de pensarlo así— la pertinencia del papel del *Estado nacional* en la acumulación del capital. De ningún modo se trata a partir de ahora de un proceso de internacionalización que tendría lugar "por debajo" de esos Estados y que remplazaría el papel de los estados nacionales por el de las "potencias económicas" o bien que implicaría el nacimiento de un Estado supranacional efectivo (Europa unida o el super-Estado norteamericano). Si ello fuera así, no se comprendería en absoluto cómo y por qué esta internacionalización y las contradicciones internas que ha producido en el seno de los bloques en el poder de los países que nos ocupan, se han concentrado sobre la cuestión del Estado nacional y la forma de su régimen. Los estados nacionales siguen siendo los nudos del proceso de internacionalización que no ha dejado de acentuar su papel decisivo (en particular por sus funciones económicas) en la acumulación de capital, lo que explica que continúen siendo, más que nunca, los *factores privilegiados* de las luchas de las diversas fracciones mismas de la burguesía; si así no fuera, es evidente que la forma de régimen de esos estados nacionales sería perfectamente indiferente a esas burguesías y sus fracciones. Hay que señalar especialmente, en ese sentido, el papel económico particularmente importante del Estado en Portugal, en España (INI) y en Grecia, característica propia de una industrialización dependiente con una base débil de acumulación primitiva endógena de capital. En esos casos, a causa de la debilidad económica de las burguesías interiores, el problema del reparto de los subsidios del Estado se convierte en factor de envergadura en las contradicciones con la burguesía compradora (en Portugal sobre todo, aproximadamente el 50% del presupuesto del Estado estaba consagrado a la guerra colonial, en beneficio de la burguesía compradora).

Como contrapartida, esos estados nacionales se trasforman notablemente a fin de hacerse cargo del proceso de internacionalización de capital, tal como se reproduce en el seno de su propia formación social. De este modo, las contradicciones del proceso de internacionalización, tal como se expresan en el seno de su propio bloque en el poder, atraviesan de lado a lado a esos Estados y constituyen un elemento importante en las modificaciones de la forma de sus regímenes.

2. Esto nos conduce directamente a la segunda razón de la toma de distancia progresiva de las burguesías interiores de esos países respecto de sus regímenes dictatoriales y que se vincula con las relaciones de esas burguesías y de esos regímenes *con las masas populares.*

Ante todo, hay que ver que las mismas razones que

dieron lugar al nacimiento y desarrollo de la burguesía interior (industrialización dependiente) estuvieron en la base de los sacudimientos profundos de la estructura económico-social de esos países. Lo que, por cierto, teniendo en cuenta la forma de esos regímenes, vino acompañado por un claro desarrollo de las luchas de las masas populares.

Ahora bien, la política de la burguesía interior respecto de las masas populares —en especial de la clase obrera— progresivamente se diferenció de la de la burguesía compradora cristalizada predominantemente por esos regímenes. Evolucionó *hacia posiciones más abiertas y conciliadoras* frente a sus reivindicaciones. Se diferenció, igualmente, en este sentido, de la política de las sociedades multinacionales que, en ciertos países "industrializados", puede a veces llegar a ser conciliadora en lo que se refiere a los aumentos de salarios: situadas en sectores de avanzada, esas sociedades pueden recuperarse más fácilmente a través de la productividad del trabajo, muy elevada en esos países. Sin embargo, en los países que nos ocupan, fue llevada adelante una política característica de *salarios bajos.*

Esta diferencia en la política de la burguesía interior se debió ante todo al hecho de que —concentrada en el sector industrial y no disponiendo de las posibilidades que tienen las sociedades multinacionales de desplazar rápidamente el peso de la producción de un país a otro— se vio afectada de lleno por la agitación salvaje que hizo estragos en ese sector. Frente a la impotencia de los regímenes dictatoriales para contener mediante la represión dicha agitación, la burguesía interior se inclinó de más en más hacia el reconocimiento del *hecho sindical,* a fin de disponer de "interlocutores válidos" y representativos en un proceso de acuerdos y negociaciones de los conflictos con la clase obrera. La demostración patente de eso fue la actitud de una parte de la patronal española frente a la experiencia de comisiones obreras en España; la actitud de la Unión de industriales griegos apoyando proyectos de "democratización" de los sindicatos oficiales del régimen; la actitud de una parte de la patronal portuguesa aceptando que los delegados corporatistas del *Estado Novo* fueran directamente elegidos por la base. La burguesía interior está también interesada en una industrialización endógena que, por las dificultades estructurales que presenta, supone una efectiva *movilización* ideológico-política de la clase obrera y las masas populares que esos regímenes son incapaces de resolver: se distinguen en efecto de los *regímenes fascistas* clásicos (del tipo nazismo alemán o fascismo italiano) por su incapacidad para convertirse en verdaderos *movimientos estructurados de masas.* Permanecieron aislados de las masas populares pero, sobre todo, de la clase obrera y nunca consiguieron implantarse seriamente. En ese contexto, la política de concesiones a la clase obrera desempeña para la burguesía interior el papel de *paliativo* a esta *carencia* de los regímenes.

Pero aún más: las burguesías interiores han tratado y tratan de ganar el *apoyo* de las masas populares y de la clase obrera en la lucha que entablan ya sea contra el bloque agrario-burguesía compradora (Portugal, España), ya contra la gran burguesía compradora (Grecia). Para conseguirlo, estaban decididas a pagar el precio de una democratización de los regímenes dictatoriales, tanto más cuanto esta democratización coincidía con sus propias aspiraciones convirtiéndose en la única vía posible para restablecer la relación de fuerzas del bloque en el poder en su relativo beneficio.

Por cierto, la burguesía interior no llegó sino progresivamente a tales posiciones, después de los sucesivos fracasos de diversas tentativas de *normalización* que le habrían permitido obtener ventajas sin correr el riesgo de los inconvenientes: posibilidades en aumento para la lucha de las clases populares en los regímenes democráticos. Más aún: esos regímenes constituían un *inconve-*

niente doble para esas burguesías. Por una parte, frente a las luchas de la clase obrera y por su propio aislamiento, a menudo se vieron obligadas a conceder reivindicaciones económicas: la explotación en aumento de la clase obrera tuvo un valor principalmente *relativo,* comparada con el crecimiento vertiginoso de las ganancias, *pero no por ello absoluto,* si se tiene en cuenta que los salarios (el poder de compra real) de la clase obrera llegaron a progresar de manera significativa. Pero, por la otra, a causa de la rigidez política constitutiva de esos regímenes respecto de las masas populares, las burguesías no sacaban, *a la larga, ninguna ventaja política* de las concesiones que hacían a la clase obrera, cuya oposición a los regímenes siguió irreductible.

Hay que agregar que, al mismo tiempo, en sus luchas contra la gran burguesía compradora y en sus relaciones particulares con las masas, son sobre todo los *sectores monopolistas* de la burguesía interior los que estuvieron a la vanguardia, arrastrando consigo a los sectores no monopolistas. Situación que fue perfectamente clara al comienzo del proceso en Portugal (Spínola), pero también en Grecia (política de la Unión de industriales griegos) y en el proceso iniciado en España, donde particularmente esos sectores monopolistas buscan mucho más una alianza con el partido comunista (ver la reciente *Junta Democrática*) que los sectores no monopolistas. Lo mismo vale tanto para el contexto de una integración al Mercado Común (que conviene mucho más a los sectores monopolistas de la burguesía interior que a sus sectores no monopolistas) como para la búsqueda de una política de negociaciones con la clase obrera: los sectores monopolistas de la burguesía interior tienen más posibilidades de *pagar el precio* de un apoyo de las masas populares, en su oposición a la burguesía compradora, que los sectores no monopolistas. La oposición de la burguesía interior a los regímenes hasta ahora se ha hecho bajo la dirección y en la perspectiva del proyecto político de sus sectores monopolistas, púdicamente designados como "burguesía ilustrada" o "burguesía neocapitalista".

Situación indudablemente preñada de consecuencias, y explosiva, si las hay.

Sea como fuere, estas razones explican *un hecho capital: en el contexto de los regímenes dictatoriales, progresivamente se destaca una convergencia coyuntural y táctica de los intereses de la burguesía interior por un lado, de los de la clase obrera y las masas populares, por el otro, que tiene como objetivo el remplazo de esos regímenes por regímenes "democráticos"*. Esa fue la convergencia esencial, aun cuando ella implica, como base de compromiso, cierta limitación a los privilegios y regalías detentados hasta entonces por los capitales extranjeros y la burguesía compradora, cierta distancia respecto de una política hasta ese momento demasiado subordinada a la estrategia del imperialismo norteamericano y un mejoramiento de las condiciones materiales de las masas populares: elementos que es posible verificar en Grecia en la política actual misma del gobierno de Karamanlis. Eso fue sin duda apreciable, pero no fue más lejos: en ningún sentido y en ningún momento se trató de una convergencia y un entendimiento tales que implicaran —del lado de las burguesías interiores— el inicio de un proceso de independencia nacional real o incluso, hasta ahora, de profundas reformas democráticas y sociales, aunque más no fueran del tipo antimonopolista. No hay mejores pruebas que el proceso seguido al respecto en Grecia, el programa de la Junta Democrática (el Pacto por las libertades) recientemente creado en España y, *en sentido negativo,* las fricciones y contradicciones que surgieron a este respecto en Portugal y que están lejos de haber sido resueltas. Estas circunstancias no pueden entenderse si no se tienen en cuenta las características que impiden a esta burguesía interior ser una burguesía nacional efectiva: en particular, su heterogeneidad, su división a causa de las contradicciones que la atraviesan, su debilidad y su ambigüedad político-ideológica.

De este modo, los acontecimientos de Grecia y Portugal (lo veremos enseguida), pero también los que están a punto de suceder en España, lejos de probar, como algunas veces se sostiene, las posibilidades de una alianza estratégica de las masas populares con fracciones de la burguesía, sobre la base de un proceso de liberación nacional y de transición hacia el socialismo (como si se tratara de verdaderas *burguesías nacionales),* prueban exactamente lo contrario. No solamente no se verificó —era de prever— que hubiera fracciones de esas burguesías susceptibles de apoyar un proceso de transición al socialismo, sino que ni siquiera se vio, por lo menos hasta ahora, que estuvieran decididas a apoyar, aunque más no fuera, objetivos *antimonopolistas* del tipo Programa Común (ese no fue por cierto el caso de Karamanlis en Grecia, pero tampoco lo fue para la Unión del centro). Ahora bien, sin ser desdeñables, esos objetivos, sin embargo, no constituyen un proceso real de liberación nacional y de transición al socialismo y, en otras circunstancias, pueden eventualmente ser aceptados por las fracciones de la burguesía. Pero, por otro lado, se comprueba en los países que nos ocupan un *fenómeno capital,* que proviene precisamente de sus *particularidades,* a saber, en lo esencial, de la forma de régimen de dictadura que padecían: una *verdadera alianza* táctica de amplios sectores de la burguesía interior y de las fuerzas populares sin lugar a dudas se produjo originariamente, o se produce, pero con un objetivo *preciso y limitado,* el derrocamiento de las dictaduras militares y su remplazo por regímenes "democráticos". Recordemos, además, el elemento común a esos países: precisamente los sectores monopolistas de la burguesía interior han sido las puntas de lanza de la oposición progresiva a esos regímenes, arrastrando con ellos a sectores del capital no monopolista.

Un primer problema se plantea, aunque *secundario:* ¿las organizaciones principales de resistencia de las masas populares, en particular los partidos comunistas, tuvieron razón en *aceptar* —como fue el caso *para todos*— una *alianza* con las burguesías interiores, ya fuera abiertamente formulada, o, de hecho, con el único objetivo preciso y limitado del derrocamiento de esos regímenes? *La respuesta es indiscutiblemente afirmativa.* Para vencer al fascismo, como decía justamente Trotski, hay que aliarse incluso con el diablo. Lo que interesa ver es que, progresivamente, en el seno de la mayor parte de la resistencia, las divergencias no se centraban ya más sobre el punto de saber si *debíamos* hacer una alianza táctica, sino sobre si *podíamos* hacerla, es decir, si no estábamos corriendo detrás de fantasmas: ¿la burguesía interior *podía ser* un aliado aunque más no fuera en ese objetivo preciso y limitado, o, dicho de otro modo, sus intereses la llevaban a derribar el régimen? La respuesta estaba lejos de ser evidente para todo el mundo. Los hechos mostraron, en la coyuntura de esos países, que *efectivamente de eso se trataba.*

El segundo punto es más importante. Lo señalo desde ahora: *¿bajo la hegemonía de quién se hace esta alianza?* Es inútil ocultárselo: la coyuntura de la destitución de esos regímenes se dio, o se da, bajo la hegemonía de la burguesía interior, ya sea de manera clara y directa (Grecia, España), ya sea todavía por el momento bajo otras formas y de modo más vacilante y controvertido (Portugal). Eso quiere decir en suma que, aunque esta burguesía no tiene la *dirección efectiva* de las luchas y aun cuando el derrocamiento de los regímenes favorezca considerablemente las luchas presentes y futuras de las masas populares, el proceso se desarrolla hasta ahora en beneficio de sus intereses políticos. *Corolario inevitable*: no hubo *empalme* del proceso de democratización y de un proceso de transición al socialismo y de liberación nacional. Otra cuestión se plantea: ¿ese *empalme,* en la coyuntura mundial y en las condiciones objetivas de esos países, era *solamente posible* o —en lo que es peor— el enganche del proceso de democratización no era posible más que en la medida en que ese empalme (es decir, la economía de una *etapa propia de democratización*) estaba excluido? Dicho de otro modo, en términos políticos, en la *articulación,* en el seno de esos países, de las contradicciones dependencia imperialista/liberación nacional, capitalismo/socialismo, dictadura/democracia, ¿no era acaso esta última contradicción —por un lado, a causa de las nuevas realidades de clase que encubría; por el otro, del fracaso relativo de la clase obrera y de sus organizaciones en desempeñar un papel hegemónico dentro de la coyuntura— la que se convertía progresivamente en *contradicción principal* en los comienzos del proceso de democratización?

Me limitaré, a propósito de estas cuestiones, al caso de Portugal, que puede, al parecer, plantear problemas.

Ante todo, notemos que incluso durante el periodo que siguió a la destitución de Spínola y aun hasta ahora, las declaraciones *antimonopolistas* del programa del Movimiento de las Fuerzas Armadas no condujeron al menor asomo de realización: el arresto y la marginación de algunos responsables del boicot de la economía portuguesa no significaron una puesta en marcha efectiva de medidas antimonopólicas. Las declaraciones antimonopólicas del primer programa del MFA fueron por otro lado extremadamente vagas, producto de un compromiso *en el seno mismo del MFA,* fuertemente dividido en este sentido. De todos modos, en el momento de la caída del régimen y durante el periodo que siguió (y que por ahora dura), no se llevó a cabo ninguna alianza popular que se fundara, si no sobre un programa de transición al socialismo, al menos sobre un programa antimonopólico comparable, aunque fuera de lejos, al Programa Común de la izquierda en Francia.

En ese contexto, ¿qué significación reviste la crisis de julio de 1974 (destitución del primer ministro portugués y su remplazo por el coronel Gonçalves) y, posteriormente, la remoción de Spínola del poder? Es necesario repetir que, durante la primera fase del derrocamiento del régimen (la revolución de abril), *sectores de la gran burguesía compradora misma* (el grupo Champalimaud, por ejemplo) e incluso ciertas grandes compañías internacionales, sostuvieron la experiencia Spínola. El fracaso de la guerra colonial los había convertido a su proyecto neocolonialista, expuesto en *Portugal y su futuro,* convencidos de que se trataba del único medio de perpetuar la explotación de las colonias. Por el contrario, otros sectores —como el grupo Espírito Santo, fuertemente implantado en Angola— mantenían su política de apoyo a la guerra colonial. Es sobre esta base que se estableció el compromiso, durante esta etapa, entre burguesía interior y sectores de la burguesía compradora, esta última fuertemente representada en el primer gobierno de Spínola y en los órganos de poder que entonces existían, incluyendo la *junta de salvación nacional.*

Fue a propósito de la cuestión colonial, pero también del problema de las libertades públicas y sus alcances, que estallaron las contradicciones entre la burguesía compradora, por un lado, y la burguesía interior y las fuerzas populares, por el otro. En un primer tiempo, la crisis significó la destitución, en julio, del primer ministro Palma Carlos y su remplazo por el coronel Gonçalves, lo que ya señala un giro en la reorganización de las relaciones de fuerzas en el seno del bloque en el poder, en detrimento de la gran burguesía compradora. Pero el juego de compromisos entre ésta y la burguesía interior continuó durante el periodo del segundo gobierno provisional: ciertamente, se toman medidas en favor de las masas populares (aumento del salario mínimo a 3 300 escudos, muy por debajo de los 6 000 escudos reclamados por la oposición durante Caetano), pero el programa económico del gobierno, anunciado el 18 de agosto, en suma no es más que un programa clásico de *austeridad* frente a la crisis y está lejos de prever medidas antimonopólicas, y no hablemos de la ausencia casi total de medidas de reforma agraria. Por otra parte, el 22 de agosto, los representantes de la gran burguesía compradora —entre otros, José Manuel de Melo, principal accionista de la CUF, Manuel Ricardo Espírito Santo y Antonio Champalimaud—, le hacen una visita a Gonçalves y le presentan su plan para cinco años de un "capitalismo moderno, evolucionado y progresista", que prevé la creación de 100 000 empleos e inversiones del orden de 120 millones de escudos.

Recién en septiembre, con la destitución de Spínola, paralelamente a la consolidación de las posiciones del movimiento popular, se afirma en la relación de fuerzas del bloque en el poder, la consolidación de la burguesía interior, situación, es de sospechar, eminentemente inestable. Ahora bien, esta burguesía, que continúa sosteniendo la "experiencia portuguesa" aun después de la partida de Spínola, está lejos de ser partidaria de medidas antimonopólicas. Daré sólo como ejemplo la entrevista aparecida en *Le Monde* el 17 de diciembre de 1974, bastante después de la caída de Spínola, al doctor Cabral, de la comisión ejecutiva del CIP (Confederación de Industriales Portugueses) que agrupa a 40 000 empresas portuguesas aproximadamente. El doctor Cabral, afirmándose partidario convencido del proceso de democratización (el título de la nota es "No seremos los Pinochet de la economía portuguesa") y del "mejoramiento" relativo de las condiciones de vida de la clase obrera y sin dejar de atacar a ciertos capitales extranjeros (ITT, Sogantal, etc.) declara: "Junto a eso existe también el problema de la reconversión necesaria de un número importante de pequeñas y medianas empresas. Demagógicamente, los partidos de izquierda se han apoderado de esa bandera. En nuestra opinión, sería contrario al espíritu de la revolución del 25 de abril dejar sobrevivir artificialmente empresas heredadas del viejo régimen y de su proteccionismo que no tienen validez económica."

De hecho, el programa económico de urgencia de febrero de 1975 establecido bajo la responsabilidad de Melo Antunes, miembro eminente del MFA y fruto de un difícil compromiso, se sitúa en la línea del plan de agosto. Prevé, es verdad, la eventualidad de nacionalizaciones muy limitadas (las que, suponiendo que se lleven efectivamente a cabo, y teniendo en cuenta la casi ausencia hasta aquí de sector económico público, dejarían a Portugal en este sentido todavía muy por debajo de Francia, Italia, Gran Bretaña o Alemania); sin embargo, sigue siendo, en lo esencial, un programa de austeridad. Por añadidura, el campo de compromiso con ciertos sectores de la burguesía compradora queda, en este caso también, todavía abierto. Eso aparece en las repetidas declaraciones de los responsables políticos del MFA, incluso (Carvalho, Gonçalves, Costa Gomes) en favor de *inversiones extranjeras* en Portugal garantizadas por el nuevo régimen que ha excluido formalmente la eventualidad de su nacionalización, aunque ese programa económico limite los privilegios exorbitantes detentados hasta ahora por el capital extranjero al instaurar mecanismos de "control" análogos a los que existen en otros países europeos. Ahora bien, teniendo en cuenta la dependencia característica de Portugal respecto del capital extranjero, es evidente que un proceso de transición al socialismo, e incluso una política "antimonopolista" eficaz, sólo podrían llevarse a cabo con medidas *antimperialistas radicales.*

Pero la particularidad del caso portugués tiene que ver igualmente con la potencia del movimiento popular y con la debilidad de la burguesía interior comparada con la de Grecia y España y, por lo tanto con el hecho de que su hegemonía durante la realización de lo que bien puede considerarse todavía como una "etapa democrática", *haya sido menos neta y muy controvertida en un desequilibrio permanente de fuerzas.* No habría, sin embargo, que detenerse simplemente en el papel espectacular del Partido Comunista portugués y de la fracción más radical del MFA. De hecho, la burguesía interior (pero también, en menor medida, ciertos sectores de la burguesía compradora) está lo suficientemente bien representada actualmente en las fuerzas políticas "progresistas" de Portugal. Ante todo, en el seno del *ejército:* el MFA comprende de manera orgánica (los delegados y el "núcleo histórico") sólo alrededor de 400 oficiales sobre los 4 000 con que cuentan las tres armas. Gran parte de éstos (la tendencia "profesionalista", numerosos militares próximos del partido socialista) siguen al representante de la jerarquía tradicional, el presidente "moderado" Costa Gomes, antiguo subsecretario de Defensa y comandante en jefe del ejército portugués durante el Estado Novo en la versión Caetano. No solamente Costa Gomes actúa como representante de la burguesía interior, sino que contribuye a mantener el campo de compromiso abierto con ciertos sectores de la burguesía compradora, como lo testimonian los convenios establecidos con Estados Unidos en sus viajes a Washington. *Pero el* MFA *mismo,* detrás de la ilusión de una cohesión de fachada cuidadosamente mantenida, *está muy dividido:* veremos que por el momento, y en gran medida, representa de hecho una alianza muy particular entre la burguesía interior y la pequeña burguesía radicalizada, alianza en su propio seno actualmente entre el Consejo Superior del MFA (Consejo de los Veinte) y la Comisión de Coordinación, mucho más *radicalizada.*

Pero la burguesía interior tampoco está ausente de los partidos políticos representados en el seno del actual gobierno portugués. En primer lugar, el partido socialista: el ala más importante del partido, la de Mário Soares que se impuso en el congreso del partido de diciembre de 1974, muy dependiente del SPD alemán, se inclina fuertemente hacia una política socialdemócrata de derecha al estilo Willy Brandt, lo que ha provocado la escisión del partido y el alejamiento de su ala radicalizada conducida por Manuel Serra. Finalmente y por la existencia del PPD (Partido Popular Democrático) de Sà Carneiro, "centro izquierda" del tipo MRP otrora en Francia, de factura vagamente "radical-socialista", particularmente mimado por Washington. Este partido representa, junto al partido socialista, *la efectiva estructuración política de la burguesía* sobre la base del nuevo compromiso entre burguesía interior y burguesía compradora, fuertemente sostenida por la Confederación de Industriales Portugueses a la que antes nos hemos referido y por los sectores "ilustrados" de la Iglesia portuguesa.

El conjunto de estos elementos parece indicar que el proceso portugués de democratización —que probablemente seguirá en un plazo más o menos breve la vía electoral—, no está realizando *una verdadera puesta en práctica* de una política antimonopolista tipo Programa Común francés —me refiero por cierto a plazos presentes— y que, para el futuro, esta política conserva todas sus posibilidades, ligadas, entre otras cosas, a la "institucionalización" posterior del papel del MFA en la vida política portuguesa.

Pero, además, teniendo en cuenta por un lado el carácter extremadamente concentrado de la economía portuguesa y, por el otro, *prácticamente la ausencia de sector económico público* en Portugal, ciertas medidas limitadas de nacionalización, incluso en lo inmediato, son factibles —aun cuando tengan probabilidades de parecerse más al proceso seguido en Francia e Italia después de la segunda guerra mundial que a la puesta en práctica de un real programa antimonopolista. En fin, dada la estructura de la propiedad de la tierra y de la agricultura en Portugal, es probable que se produzcan todavía algunas medidas de *reforma agraria* a corto plazo, indispensables por otra parte para el capitalismo mismo: ciertamente, ése es el aspecto más importante del programa económico de febrero de 1975.

Para volver a la cuestión esencial: de todas maneras, *y para referirse sólo a lo que se ha producido hasta ahora,* en Portugal tampoco se trató, en el derrocamiento de la dictadura, de un *empalme* del proceso de democratización y de un proceso de transición al socialismo y de liberación nacional. Más aún: sólo la consolidación del proceso de democratización mismo todavía necesitará de trasformaciones y depuraciones considerables de los aparatos del Estado y del ejército. Además de la ausencia de alianza antimonopolista, es sobre todo ese elemento el que permite la analogía del proceso entre Portugal y Grecia, sin que haya que descuidar, lógicamente, las diferencias de modalidad concretas de esos procesos. No es por cierto correcto identificar a Karamanlis con "un Spínola que hubiera tenido éxito", aunque más no fuera por la ausencia de una burguesía compradora *colonialista* griega similar a la portuguesa, por la fuerza de la burguesía interior en Grecia comparada con la de Portugal, por el alejamiento de Grecia de la alianza militar de la OTAN (Portugal sigue perteneciendo), en fin, por el hecho de que el gobierno Karamanlis haya contribuido a desbaratar el golpe de Estado de febrero de 1975, intentado por los nostálgicos de la dictadura. A eso hay que agregar que, en el caso griego, se trata de una salida "hacia la derecha"; en Portugal, de una salida "a la izquierda" de las dictaduras militares. Pero por poco que se considere a los representantes políticos, que se planteen los problemas de fondo y que se busquen los fundamentos de clase de estos procesos, la diferencia entre ambos reside —por el momento y principalmente— en las bases de fuerza que logren afirmar *con sus luchas* las masas populares y sus organizaciones en Portugal: la historia no se detiene en el proceso de democratización.

Sea como fuere, *una cosa es cierta:* se ha comprobado, o está por comprobarse en esos países, que el derrocamiento de un régimen de dictadura *es posible incluso sin que exista* un empalme del proceso de democratización por un lado y de transición al socialismo y de liberación nacional por el otro, y, lo que es más, por lo menos en el primer tiempo, bajo la hegemonía de la burguesía interior. Este hecho estaba lejos de ser evidente para todo el mundo en la resistencia: muy a menudo consideramos que esa burguesía era incapaz de ocupar ese *lugar,* de desempeñar ese *papel,* en la *ruptura efectiva* y el remplazo de una forma de Estado (dictadura) por otra ("democracia" burguesa) lo que en el seno mismo del Estado ya implica no obstante una diferencia decisiva. Simplemente, esto significa que esta burguesía por lo general fue *doblemente subestimada:* como aliada posible, por cierto, pero también —y esto importa aquí más— como *adversaria,* porque, aun cuando la experiencia muestre que puede ser un aliado en coyunturas precisas, no deja nunca de ser, al mismo tiempo, un adversario. Es evidente que esta democratización es más radical si se hace —*aun sin el empalme de la "etapa democrática" y de la "etapa socialista"*— *dentro de un proceso prolongado e ininterrumpido por etapas, bajo la hegemonía y la dirección efectiva de la clase obrera.* Dicho de otro modo, las formas "democráticas" que remplazan a las dictaduras corren el riesgo de quedar *hipotecadas* por mucho tiempo, según la manera en que esos regímenes hayan sido derribados. Hipoteca que por el momento todavía pesa sobre el movimiento obrero: si bien el derrocamiento de esos regímenes *es o será una conquista considerable a plazo más o menos breve del movimiento obrero,* es al mismo tiempo, no hay que engañarse, una victoria de esa burguesía que, en cierto modo, se ve provisionalmente reforzada. Situación que contribuye a la inestabilidad característica del proceso de democratización en esos países.

4

LAS CLASES POPULARES

Me ocuparé ahora de la situación y la actitud de las masas populares bajo estos regímenes.

En este caso también se hacen sentir los efectos de la nueva forma de dependencia de esos países respecto del imperialismo y de la industrialización que de ello resulta: aumento y concentración urbana espectaculares de la clase obrera; despoblamiento y éxodo del campo; proletarización de una parte del campesinado; crecimiento masivo del salariado no productivo de la nueva pequeña burguesía (diversas categorías de empleados, técnicos, funcionarios, etc.) pero también de las profesiones liberales; estancamiento o recesión de la pequeña burguesía artesanal, manufacturera y comercial.

Tal movimiento ha ido a la par de un ascenso de la lucha de clases. El fenómeno es comprensible si se tienen en cuenta los problemas específicos planteados por los cambios estructurales en el marco de una *economía dependiente* y la desarticulación de las relaciones sociales que provoca un proceso de industrialización "exterocéntrico" y dirigido por el movimiento del capital extranjero. El efecto mayor es un porcentaje endémico y elevado de *desocupación abierta* u oculta, que no se debe simplemente a la necesidad de un ejército de reserva industrial, sino al desarrollo desigual muy particular entre industria y agricultura que caracteriza al proceso en los países dominados. En la agricultura, las relaciones "precapitalistas" o bien se han disuelto masivamente o han sido "conservadas", al mismo tiempo que están desarticuladas por la penetración y la reproducción aceleradas del capitalismo (caso de Grecia con la superdivisión en parcelas de la propiedad campesina). Esas tendencias liberan una fuerza de trabajo desocupada que se dirige a las ciudades donde, en razón del carácter de la industrialización, no encuentra el trabajo correspondiente. Este desequilibrio del empleo y esta inadaptación del mercado de trabajo bien particulares, dan lugar a múltiples formas de desocupación: desempleo de una inmensa población "suburbana" concentrada en barrios alrededor de aglomeraciones y que viven de recursos o servicios diversos; desocupación de un importante subproletariado intelectual de hijos de campesinos que pasan por los aparatos escolares a fin de encontrar trabajo en el "terciario" y en las administraciones públicas o semipúblicas y que vegeta gracias a diversas formas de trabajo parcial, trabajo negro, etc. (*hipertrofia* característica del sector urbano en Portugal, España y Grecia). Este fenómeno es designado a veces con el término *marginalidad,* doblemente erróneo: por un lado, se trata de un rasgo estructural del capitalismo dependiente; por el otro, esas masas desempeñan un papel político importante. Es por lo demás, sobre todo para Portugal y Grecia, el corolario de la *emigración.*

Hay que aclarar brevemente esto: en realidad no es, como a menudo se dice, que el desempleo endógeno sea la *causa* de la emigración sino, para decirlo con claridad, a la *inversa.* Como consecuencia del desarrollo desigual de los diversos países bajo el imperialismo, la internacionalización del capital y de la producción se hace siempre en un doble movimiento: exportación del capital de los países imperialistas a los países dependientes y exportación de la fuerza de trabajo de los países dependientes a los países imperialistas, siendo explotada esa fuerza de trabajo por el capital de estos últimos, allí donde ella se encuentre y también en el seno de sus propios países. Por numerosas razones, el trabajo inmigrado es absolutamente indispensable para el capital de los países dominantes.

En particular en la fase actual del imperialismo, la principal tendencia opuesta a la tendencia a la baja de la tasa de beneficio reside en la explotación intensiva del trabajo. Eso condiciona a la vez las nuevas formas de exportación de capital imperialista en los países dependientes (industrialización dependiente) y, en el seno mismo de los países imperialistas, la tendencia *sobrecalificación/descalificación* del trabajo que acompaña al alza de la productividad del trabajo (plusvalía relativa): descalificación del trabajo interno en los países imperialistas que, entre otras cosas, hace indispensable la presencia de la sobrexplotación de los trabajadores inmigrados (trabajadores manuales, obreros especializados). Por otra parte, esta industrialización dependiente, a causa de la desarticulación de las relaciones sociales en el seno mismo de los países dominados, es la que vuelve a la fuerza de trabajo de esos países *disponible* a la emigración que acompaña precisamente su "desarrollo", en Grecia, Portugal y España.

En síntesis, esta *necesidad estructural* de la inmigración, que acompaña a la reproducción del capital dominante en los países dominados, está en la base de la desocupación (para decirlo con propiedad, de la *desocupación transitoria*) sin que haya que ver allí proyectos maquiavélicos de las burguesías imperialistas, sino tendencias objetivas de acumulación del capital en la fase actual del imperialismo. Si insisto sobre este fenómeno es por los efectos que produce en las luchas sociales de esos países, efectos de doble filo: por un lado, en razón de las tensiones sociales que provoca, esta inmigración indudablemente ha favorecido las luchas de quienes se ven en la necesidad de expatriarse a fin de hacer vivir a su familia; pero esta emigración también ha funcionado, hasta estos últimos años, como *escape* y *válvula de seguridad* frente a las luchas sociales.

Bástenos mencionar ciertas formas de esas luchas. Ante todo, las numerosas luchas de la clase obrera, *constante-*

mente a la vanguardia: luchas en primer lugar reivindicativas, que tienen como centro los salarios y la seguridad laboral y que no se manifiestan solamente bajo la forma de huelgas declaradas sino, teniendo en cuenta la represión ejercida por esos regímenes, bajo formas insidiosas de *resistencia obrera,* temibles para los patrones —*ausentismo, baja de la producción, desorganización de los procesos de trabajo* (¡la famosa "pereza" meridional!). También se ven surgir formas originales de lucha en torno a objetivos específicos que, en la coyuntura actual del imperialismo, aparecen igualmente en otros países europeos: fundamentalmente luchas urbanas de la población suburbana antes mencionada, pero, sobre todo, luchas de la masa obrera hacinada en los grandes conglomerados; luchas contra las condiciones de trabajo y las formas de incremento de la productividad del trabajo impuestas por las multinacioales (plusvalor relativo) a obreros de reciente extracción campesina; luchas por la salud y en torno a los servicios colectivos que tienen como base el desarrollo de la nueva pequeña burguesía urbana; luchas campesinas contra la proletarización del campo, contra el aumento de la distancia (efecto "tijeras") entre el precio de los productos industriales y el de los productos agrícolas, característica de esta fase de industrialización y también contra la expropiación de terrenos agrícolas para la instalación de fábricas nuevas; ascenso en las luchas de emancipación de las mujeres, teniendo en cuenta su inserción en la vida activa en el seno del salariado no productivo; prodigioso desarrollo de las luchas estudiantiles, como consecuencia, entre otras, de la distancia característica entre el mercado de trabajo y los aparatos escolares que participan en la *redistribución* de agentes entre el campo y el salariado urbano, pero que desembocan en una desocupación endémica; en fin, ascenso considerable de las luchas de intelectuales, en un sentido amplio, propios de países con burguesía débil e incapaz de establecer una hegemonía ideológica neta y de cimentar lazos "orgánicos" con los intelectuales, situación que marca el fracaso de los regímenes dictatoriales (contrariamente a los regímenes fascistas) en tomar el relevo ideológico: muy por el contrario, la persistencia (España) y el establecimiento (Grecia) de esas dictaduras contribuyeron a liquidar, en amplias capas de intelectuales, las secuelas ideológicas de las guerras civiles que las mantenían separadas de las masas populares.

Por lo tanto, el hecho a señalar en estos últimos años es la participación directa en esas luchas de una parte considerable de la *nueva pequeña burguesía urbana,* lo que contrasta muy claramente con su actitud, entre las dos guerras, respecto del nazismo en Alemania y del fascismo en Italia, pero también con su pasividad todavía reciente en Portugal y España (España, donde el tema a la orden del día en los círculos y diarios conservadores es actualmente esta "subversión de las clases medias"). El fenómeno participa de un movimiento más general, verificado sobre el conjunto del continente europeo, que tiende a un *acercamiento* de las posiciones de clase del salariado urbano y las de la clase obrera: resultado, con retardo, de las trasformaciones considerables, en la etapa actual, de la determinación y la situación de clase de ese salariado. Si bien ese acercamiento no está exento de ambigüedades —en esos países se hace esencialmente sobre la base del *nacionalismo*: diversos movimientos regionalistas y nacionalistas en España, antinorteamericanismo pronunciado en Grecia—, cabe destacar que ese nacionalismo tomó, en el periodo último, un giro *progresista.* Da muestra, por un lado, de reales aspiraciones de independencia nacional, cruciales en la fase actual del imperialismo, que rompen con el nacionalismo reaccionario oficial de los regímenes; por el otro, de un movimiento de protesta cultural e ideológico claramente *populista* de esta nueva pequeña burguesía, básicamente intelectual (tema del descubrimiento de las "raíces de la cultura popular" que se manifiesta en la boga prodigiosa y el papel de protesta de la canción popular en el seno de esas capas, de la *nova cançó* en España al *rebetiko* en Grecia), sesgo a través del cual expresa su acercamiento a las masas populares. Sea como fuere, esa pequeña burguesía, las profesiones liberales y los intelectuales han estado masivamente presentes en las luchas por las libertades democráticas.

Este ascenso de las luchas de la nueva pequeña burguesía *es muy importante por los efectos particulares que produce en el seno del personal de los aparatos del Estado, en especial del ejército.* Pero insistamos, por el momento, en la ambigüedad de la actitud de la pequeña burguesía. Como consecuencia misma de la orientación nacionalista del movimiento y aunque una parte de esa clase se haya francamente redicalizado en dirección de las masas populares (caso patente en Portugal, pero también en Grecia con el movimiento de Andreas Papandreu), ella ha sido movilizada, incluso en su oposición al régimen, en su mayor parte y hasta ahora, bajo la dirección de la burguesía interior. Esta ha explotado hábilmente, por sus propias contradiciones con la burguesía compradora, el nacionalismo de la nueva pequeña burguesía, dando relevancia también a los temas que la sensibilizan particularmente en razón de su propia determinación de clase ("tecnocratismo", "europeización", "desarrollo", "modernización", etc.) Digamos que si la conjunción táctica de la burguesía interior y de la clase obrera en vistas a un derrocamiento de los regímenes de dictadura *desbloqueó* las vacilaciones de la pequeña burguesía y la hizo oscilar masivamente hacia la oposición, su acercamiento a las masas populares se concretó precisamente a través de la burguesía interior y es por eso fundamentalmente por lo que se convirtió en parte interesada en el derrocamiento, lo que, entre otras cosas, explica al mismo tiempo la evolución posterior del movimiento Karamanlis en Grecia y los actuales obstáculos que se presentan en el proceso de su radicalización en Portugal.

Los límites de este breve ensayo no permiten un análisis en profundidad de esas luchas bajo los regímenes de dictadura, ni el examen del *considerable papel de la izquierda,* en particular, *aunque no exclusivamente,* de los partidos comunistas en esos países —sobre todo del partido español— en su organización. Luchas que a partir de ahora son ampliamente conocidas en lo que se refiere a España, menos espectaculares y ciertamente menos importantes en Grecia y en Portugal y que fueron desconocidas a veces por el gran público, en especial fuera del país. Sea como fuere, hay un elemento que sigue siendo cierto y que, aparte de la represión policial, tuvo efectos a la vez en cuanto a las formas de esas luchas y en cuanto a algunos de sus límites en el plano político, un elemento durante mucho tiempo seriamente subestimado por las organizaciones de la resistencia. La etapa de industrialización dependiente acarreó por cierto una explotación considerable y en aumento de las masas populares, pero, *hasta el último periodo,* en lo que se refiere a las masas populares urbanas, esa explotación fue principalmente *relativa,* como ya lo dijimos, es decir, que tuvo que ver con la distancia creciente entre el aumento de los salarios por un lado y el aumento de las ganancias y de la productividad del trabajo, por el otro. Esa explotación no fue *absoluta:* el poder de compra real de las masas populares urbanas —y eso es válido, a grados desiguales, para el conjunto de esas clases y capas sociales—, *incluso fue mejorado* durante esta etapa y bajo esos regímenes.

Según estadísticas de la OCDE, el incremento anual medio de *salarios hora* y de precios para el consumo, entre 1966 y 1971 fue, respectivamente: en Grecia de 8.8% y de 2.1%; en España, de 12.3% y de 5.4%; en Portugal, de 10.2% y de 7.8%. Aunque faltan estadísticas más precisas sobre las diversas clases y capas sociales (clase obrera, empleados, diversas categorías de funcionarios y jefes), el mejoramiento del poder de compra es bien claro para España y Grecia, menos importante para Portugal (donde los salarios quedaron entre los más bajos de Europa, es decir, miserables). Aunque se trate de un índice muy aproximativo, también lo ilustra el incremento del ingreso nacional medio percápita, particularmente en España y en Grecia (en 1964, 500 dólares percápita para España y 590 para Grecia, este último país habiendo sobrepasado los 1 500 dólares actualmente y España no muy lejos de esa cifra). A la recíproca, la distancia entre los salarios, por un lado, las ganancias y la productividad del trabajo, por el otro, aumenta considerablemente: en Grecia, sólo en el período 1967-1969, las ganancias aumentaron en un 13% aproximadamente; en España, entre 1964 y 1966 el incremento anual de la productividad del trabajo fue del 7% y el de los salarios reales del 4.6%.

Sólo se puede hablar de mejora efectiva del poder de compra, si se tiene en cuenta el lugar particular que ocupan esos países en la zona de dependencia durante esta fase y también, desde luego, si se considera que el nivel anterior del poder de compra de esas masas era muy bajo. Si esos regímenes, para hablar con exactitud, no tuvieron *nada* que ver con esta mejora, *tampoco consiguieron anularla,* frente a la resistencia y la lucha de clases: un ejemplo patente fue Grecia, donde la mejora había comenzado en los sesentas, mucho antes del régimen de los coroneles y, sin embargo, continuó bajo él. Ese fue uno de los factores que contribuyó a poner cierta limitación al desarrollo político de las luchas.

Pero esa mejora del poder de compra real no es compatible con las estructuras de dependencia en la fase actual ni con la sobreacumulación de capital extranjero en el seno de esos países más que *durante cierto tiempo* y presenta variaciones y oscilaciones significativas. Teniendo en cuenta las contradiciones de la acumulación capitalista a escala internacional, esos países se convierten en los eslabones débiles de *toda crisis* de acumulación capitalista y el sitio donde se concentran las contradicciones; los países imperialistas dominantes expulsan y exportan hacia ellos los primeros efectos de la crisis (inflación, desempleo, etc.), fenómeno que se ve claramente en la crisis actual del capitalismo —que *mutatis mutandis,* y a otro nivel, es sabido que vale igualmente para las relaciones actuales entre Estados Unidos y Europa. La inserción orgánica de esos países en el proceso de acumulación del capital monopolista mundial y la reproducción inducida de ese capital en su seno, precisamente hace posible la exportación directa de los efectos de la crisis (por ejemplo, el papel de las multinacionales en la inflación actual). Frente a la incapacidad particular de sus regímenes, estrechamente ligados al capital extranjero dominante, para tomar el *mínimo* de medidas "nacionales" que se requieren para afrontar la crisis, ésta los golpea *de lleno* y *en el corazón mismo* de sus clases obreras y de las masas populares urbanas. Un simple ejemplo: esos países, y esto vale fundamentalmente para Portugal y Grecia, durante estos dos últimos años han batido todas las marcas europeas de tasa de inflación (en 1973 y comienzos de 1974, el 25% en Portugal; 30% en Grecia).

La mejora del poder adquisitivo es sólo comparable en envergadura a su *caída brutal y espectacular* en los últimos tiempos de la coyuntura crítica del capitalismo, caída que vino acompañada por el aumento de la desocupación y que se acrecentó por las restricicones que los países dominantes impusieron a la corriente de inmigración que sus propias burguesías habían, sin embargo, estimulado. Por otro lado, es muy notable que los efectos de la crisis hayan aquí *precedido* a sus efectos en los otros países europeos y se hayan producido antes de la caída, en Portugal y Grecia, de las dictaduras. Para el capital de los países dominantes, ésa fue la forma, entre otras, de *retardar* los efectos en sus propios países.

Sea como fuere, esta crisis tuvo un *papel propio* en el derrocamiento de los regímenes portugués y griego y en el proceso iniciado en España, a causa misma del ascenso de la lucha de las masas populares que llegó a provocar, desbloqueando el relativo freno que significaba el incremento del poder adquisitivo.

Pero si la crisis desempeñó un papel, estuvo lejos de ser determinante y es necesario que retomemos las particularidades de las luchas de masas populares que, por cierto, no se limitaron al dominio económico-reivindicativo. Por una parte, debido a la forma misma de los regímenes de dictadura, *toda lucha económica,* frecuentemente ilegal de hecho (abolición, de una forma u otra, del derecho de huelga), revestía un aspecto político evidente: constituía, por su existencia misma, un acto de resistencia al régimen. Por otra parte, hubo sin lugar a dudas una *lucha política abierta* de las clases populares, ya sea bajo formas ilegales, ya explotando las posibilidades de formas de lucha legales o semilegales que les permitían las fisuras en el interior del régimen. Esto no quiere decir que antes o durante la crisis *haya habido un movimiento de masas que se desarrollara por medio de ataques u olas de asalto "frontales" y que como tal hubiera podido directamente derrocar el régimen, ya fuera en forma de guerra popular, de movimientos que culminaran en huelga política a nivel nacional o incluso de levantamiento insurreccional general.* Seré todavía más preciso: no digo sólo que no haya habido un ataque *puntual* del tipo "asalto al Palacio de Invierno": lo que está en cuestión no es únicamente la ausencia de una insurrección "instantánea", en cuyo caso el problema se simplificaría. *Quiero decir, desde luego, que bajo esos regímenes no hubo un "proceso prolongado" que permitiera el desarrollo de un movimiento popular masivo y frontal, que pudiera, como tal, derribarlos.*

Dos excepciones, sin embargo.

En primer lugar, el *levantamiento de Atenas,* los sucesos de la Escuela Politécnica. Fue un movimiento hasta entonces inédito bajo los regímenes fascistas o dictatoriales del siglo XX en Europa: 300 000 personas aproximadamente que agrupaban, en torno a los estudiantes, amplias masas de obreros (en particular, de la construcción y los astilleros, punta de lanza del movimiento obrero griego), campesinos (los del Ática, protestando contra las expropiaciones), sectores de la nueva pequeña burguesía e intelectuales enfrentaron a los tanques de la junta; el número de muertos todavía no se conoce exactamente (entre 50 y 100) y hubo centenares de heridos graves. Esos episodios, si bien en cierta forma dieron el toque de muerte al régimen, no consiguieron, sin embargo, derribarlo, sino que, por el contrario, quedaron relativamente aislados en el país.

Luego está el caso, que se tiene demasiada tendencia a olvidar a propósito de Portugal, *de los movimientos de liberación africanos en las colonias portuguesas.* Nada más insensato, en esta etapa de internacionalización del capital y de la producción, que olvidar el papel de esos movimientos en la caída misma del régimen. A eso se agrega, en el mismo orden de ideas, en Grecia, la resistencia popular armada del *pueblo chipriota* contra el golpe de Estado perpetrado por la junta y sus agentes locales, la EOKAB, contra Makarios. Es sorprendente que cuando se habla del derrocamiento de esos regímenes, se hace referencia a los "acontecimientos internacionales", olvidando muy púdicamente decir que no son, a fin de cuentas, sino levantamientos populares contra esos regímenes de sus propios vasallos.

Pero tampoco esas luchas desempeñaron un papel *directo:* aunque no se las puede definir como puros factores "externos", su efecto se manifestó principalmente "a distancia" y, sobre todo, en la acentuación de las contradicciones propias de esos regímenes, en especial de su pilar más importante, el ejército. Para decirlo con exactitud, esas luchas *se articularon en las contradicciones de las formaciones sociales nacionales de Portugal y Grecia* y contribuyeron a su *condensación,* marcando de este modo el comienzo de la caída del régimen, ya fuertemente minado desde el "interior". Pero tampoco hay que subestimar el efecto de esas luchas y eso importa fundamentalmente para el caso de España: creer que nada va a pasar en España porque tales factores no existen, es tan erróneo como atribuir las caídas de los regímenes portugués y griego directamente a la guerra colonial en África, o a la "aventura" de los coroneles griegos en Chipre. En efecto ¿cuántos ejemplos hay de luchas de liberación nacional triunfantes que hayan producido efectos directos sobre los regímenes de las potencias colonizadoras? ¿Cuánto tiempo tuvo que trascurrir para que las luchas de liberación nacional en África, y las fricciones entre el pueblo chipriota y el régimen de Atenas, "mordieran" precisamente sobre las contradicciones en el seno de los ejércitos portugués y griego? En síntesis, salvo caso de invasión directa (Alemania nazi o fascismo italiano), son siempre las contradicciones propias de un país dado las que hasta ahora tienen el papel primordial en las trasformaciones esenciales de las formas del Estado y del régimen. Las luchas de liberación nacional, así como —del otro lado— el imperialismo norteamericano, sólo tienen influencia en esos países en la medida en que sus efectos *se interiorizan* en su seno.

No hubo entonces un movimiento de masas frontal contra el régimen: lo subrayo tanto más, y categóricamente, porque si las luchas populares no fueron *el factor directo o principal,* ellas fueron (o serán), sin ningún género de duda, *el factor determinante.* Quiero decir con eso que los factores que gravitaron directamente en esos derrocamientos (las contradicciones internas de los regímenes) fueron *ellos mismos* determinados por las luchas populares. El ámbito y la complejidad del problema esencial se dibujan: ¿exactamente en qué forma esas luchas populares (factor determinante) produjeron efectos (factor principal) que directamente contribuyeron a la caída del régimen? Se conoce bien la respuesta de la burguesía: basándose en el hecho real de que el derrocamiento del régimen no fue directamente desencadenado por un movimiento frontal de masas, ella sostiene que las luchas populares no tienen, por así decir, nada que ver (o muy poco . . .) en ese derrocamiento.

Ése es el primer punto a retener por el momento. Pero señalo un segundo, al que volveré en el último capítulo: el papel de las masas populares no ha sido solamente determinar las contradiciones internas que contribuyeron directamente a la caída de los regímenes de dictadura, sino que fue *doble.* En realidad, esas contradicciones internas marcaron ciertamente los *comienzos* decisivos de lo que fue, sin embargo, un real *"proceso" de democratización* durante el cual, a la vez en Grecia y en Portugal, las masas populares intervinieron mediante luchas encarnizadas. Nada más falso que considerar que el derrocamiento de las dictaduras se llevó exhaustivamente a cabo en Portugal el 25 de abril con la llegada de Spínola al poder o en Grecia, el 23 de julio, con el regreso de Karamanlis. Dicho de otro modo, las contradicciones internas de esos regímenes, efectos mismos de la lucha de las masas populares, parecen haber funcionado igualmente como la *oportunidad* que permitió la intervención directa de esas masas, *una vez que el proceso se hubo desencadenado.*

En lo que se refiere al primer punto, la oposición popular y política a esos regímenes se manifestó de una manera particular, cuya importancia conviene evaluar, especialmente por la *toma de distancia* característica de las masas frente a esos regímenes, lo que significó su *aislamiento* —en distinto grado para cada uno de ellos—, respecto de aquéllas. Desde el comienzo, o muy rápidamente, eso sucedió en Grecia; se produjo *progresivamente* en Portugal —y en España—, donde el régimen había conseguido originariamente un apoyo popular, sobre todo en el campo. Esa resistencia sorda, multiforme y constante del pueblo durante estos últimos años frente a los regímenes, crea una característica que los diferencia de los *regímenes fascistas en sentido propio,* aunque —como para todo régimen *concreto* de excepción—, esos regímenes hayan constituido una combinación de diversos regímenes de Estado de excepción: presentaron, por cierto "elementos" fascistas, pero la dictadura militar fue su *forma dominante.* En efecto, el régimen, en esos países, o bien no consiguió implantarse en las masas, o bien perdió progresivamente una cierta base popular; o bien no logró jamás poner en pie *organizaciones propias de encuadramiento y movilización* —partido fascista, sindicatos relativamente "representativos"— de las masas (caso griego, a pesar de las repetidas tentativas de la junta a ese respecto), o bien esas organizaciones terminaron por convertirse, cada vez más, en simples reliquias osificadas (caso de la Falange y del *Movimiento* en España).

El *aislamiento* de esas dictaduras y su diferencia, en este sentido, con los regímenes fascistas, tiene una gran importancia. Por lo general ha sido subestimado por las organizaciones de izquierda y entendido como resistencia puramente "pasiva", a fin de cuentas absolutamente ineficaz, lo que fue una estimación errónea. A menudo condujo a pensar que esos Estados, *separados* de la "sociedad civil" y de las masas populares, se mantendrían en una torre de marfil y como monolitos sin fisuras, hasta el momento en que, a causa de un enfrentamiento final, se vendrían abajo como un castillo de naipes. El "aislamiento" *habría en cierto modo impedido que las contradicciones de clase atravesaran el aparato del Estado,* defendiéndolo de las contradicciones internas, siendo las contradicciones de clase solamente "externas" a ese aparato, es decir situadas entre él y las masas "fuera" del Estado. Las contradicciones internas de esos aparatos no habrían sido más que fricciones entre clanes y camarillas *por encima* o *al margen* de las contradicciones de clase.

Por supuesto, esa concepción demostró ser falsa. Lo que es peor, impidió captar un rasgo aparentemente paradójico de las dictaduras militares: si el alistamiento de las clases populares y la adhesión de la pequeña burguesía a los aparatos de los regímenes fascistas creó contradicciones internas considerables en el seno de los aparatos (partidos-estados) nazi y fascista, reflejando directamente las contradicciones en su seno entre los intereses de esas clases y los del gran capital, *las contradicciones fueron mucho más importantes en el caso de las dictaduras militares, sin embargo "aisladas" de las clases populares, allí donde esas clases no estuvieron (o no están) directa y masivamente "presentes" y movilizadas.* Por consiguiente, esas contradicciones tuvieron de otro modo un papel más importante en la caída de las dictaduras que en el derrocamiento de los regímenes fascistas.

Surge entonces una cuestión: ¿cómo pueden las contradicciones entre las clases dominantes y las clases dominadas atravesar un aparato de Estado particularmente "aislado" de estas últimas? Dicho de otra manera, ¿cómo se hace sentir el peso de las masas populares *en el seno mismo* de los apartos del Estado de los cuales aparentemente están "ausentes" (ya sea que estén excluidas, ya que se mantengan al margen)?

Para responder bien a esta cuestión hay que dar un breve rodeo por la teoría. La relación del Estado y las clases sociales muy frecuentemente ha sido considerada como una *relación de exterioridad* —rasgo típico de la ideología burguesa que, sin embargo, ha tenido efectos sobre la teoría marxista del Estado. En esta problemática, el Estado es considerado, ya sea como un *Sujeto,* ya como una *Cosa.* Como *Sujeto:* se trata en el fondo de la vieja concepción hegeliana de un Estado realmente "separado" de la "sociedad civil", dotado de una racionalidad intrínseca en tanto encarna una voluntad general frente a individuos atomizados; concepción que incidió en la obra del joven Marx y que sigue gravitando en sus declaraciones a propósito del Estado considerado como "organismo independiente y por encima de la sociedad", carácter que sería paralelo a la función de dominación de clase del Estado. El Estado como *Cosa:* hay allí una vieja concepción marxista "instrumentalista" que considera al Estado, en su naturaleza, como un simple *instrumento,* o *máquina,* manejable a voluntad por las clases dominantes y cuya relación de representación con los intereses de las clases dominantes se debería a que esas clases apañan o saquean ese instrumento inerte. Las repercusiones políticas de estas dos posiciones, igualmente erróneas, son incalculables, pero hay una, común a ambas, que nos interesa particularmente: en la problemática de la relación Estado/clases (o Estado/grupos sociales-sociedad civil), entendida como relación de dos *entidades* "una frente a la otra", se considera que las clases sociales actúan sobre el Estado sólo *desde el exterior,* por un juego de "influencias", obteniendo cada una de ellas una parte, o el conjunto, del Estado. Las dictaduras militares aparecerían de este modo, en su aislamiento, como la realización ejemplar de la instrumentalidad del Estado.

Eso impide, precisamente, ver las contradicciones internas del Estado. De hecho, en ningún caso, el Estado es un Sujeto o una Cosa, sino que, por su naturaleza y en igual medida que el "capital", *el Estado es una relación*: más precisamente, la condensación de la relación de fuerzas entre las clases tal como se expresa, *de manera específica, en el seno del Estado.* Así como el "capital" contiene *ya* en sí la contradicción capital/trabajo asalariado, las contradicciones de clase atraviesan siempre, de lado a lado, el Estado porque éste, por su naturaleza de Estado de clase, reproduce en su seno mismo esas contradicciones. En suma, eso significa que las contradicciones de clase se expresan *siempre,* y de manera específica, como contradicciones internas del Estado, el cual no es nunca, ni puede ser, un bloque monolítico sin fisuras. Existe siempre, desde luego, una *unidad del poder del Estado* que se relaciona con la representación que ejerce el Estado de los intereses de la clase o la fracción hegemónica. Por esta razón las clases populares no pueden ocupar *pieza por pieza* el aparato del Estado, sino que deben *quebrarlo* en el paso al socialismo: lo que no debe, sin embargo, hacer pensar en el Estado como un bloque sin fisuras.

Volvamos a las dictaduras militares que nos ocupan. *Como para todo Estado burgués,* su relación con las clases populares se ha manifestado por las contradicciones internas que se refieren a diversas medidas políticas y económicas que hay que tomar respecto de aquéllas, es decir, de modalidades concretas de acumulación del capital. En efecto, las contradicciones mismas entre las diversas fracciones de la burguesía siempre expresan, en última instancia, las tácticas y modalidades *diferenciales* que conciernen a la explotación y dominación de las masas populares: lo que no es otra cosa que formular, en términos de clase, el hecho de que las contradicciones de la acumulación capitalista se deben, finalmente, a la lucha de clases y el hecho de que el ciclo mismo de reproducción de capital ya contiene, en sí, la contradicción entre el capital y las clases explotadas. Sismos internos muy graves en el seno de los diversos aparatos y del personal político dirigente de las dictaduras militares de los que se podrían dar múltiples ejemplos y que no pueden ser apreciados en su justa medida si no se percibe, detrás de tal o cual medida o política en favor de tal o cual fracción del capital, *el espectro de la lucha de las masas populares.*

Pero hay mucho más: es sabido que el Estado a la larga no puede ejercer su función de dominación únicamente mediante la represión, sino que ésta debe ir acompañada de una dominación ideológica. En general, en los Estados burgueses, existen aparatos especialmente destinados a la dominación político-ideológica de la clase obrera y de las masas populares, en la medida en que consiguen implantarse allí masivamente: es en particular el caso, dentro de las formas democrático-parlamentarias del Estado burgués, de los partidos y sindicatos aliados de clase (la mayoría de las organizaciones socialdemócratas). Ahora bien, el mismo principio funciona, aunque bajo otras formas, en ciertos regímenes del Estado de excepción, especialmente en el caso de los *regímenes fascistas* y de los diversos *populismos de derecha.* El encuadramiento y movilización de las masas en el seno de los aparatos fascistas o populistas crea, desde luego, contradicciones internas muy fuertes en el seno de esos regímenes dominados por el gran capital, de una dimensión totalmente distinta a las de regímenes democrático-parlamentarios: en razón de la naturaleza misma de esos regímenes de excepción (prohibición de los otros aparatos políticos), las contradicciones entre clases populares, en particular la clase obrera, y burguesía, no se dispersan en contradicciones *entre* distintos aparatos especializados, sino que se concentran en el seno mismo del aparato político "único". No es menos cierto que ese aparato político, al movilizar a las masas, permite cierto tipo de solución de las contradicciones en su seno, siempre que no llegue a degenerar en un ajuste de cuentas que implique el cuestionamiento de la existencia misma del régimen. Eso permite lograr una línea política con una mínima coherencia de cuya aplicación y alcances se encargan esos aparatos.

Nada de eso ocurre en los apartos de Estado que nos ocupan: *las masas populares no están allí en ninguna parte,* lo que quiere decir, teniendo en cuenta lo expuesto más arriba, que *están por todas partes.* A la larga esos regímenes no pueden solucionar nada: frente a un enemigo de clase omnipresente, irrecuperable y prácticamente *inasible* e *imprevisible,* las diversas tácticas contradictorias para neutralizarlo y preservarse se acumulan, contribuyendo así a la intensificación característica de las contradicciones internas del Estado. En efecto, esta situación lleva a estos regímenes a una incoherencia prodigiosa en su política (económica, represiva, ideológica) y en sus modalidades respecto de las clases populares, incoherencia que, a la larga, degenera indefectiblemente en verdaderos conflictos abiertos entre sus círculos dirigentes acerca de las tácticas a adoptarse frente a las masas populares, cuyo peso se hace sentir con fuerza. Nada más evidente en ese sentido que el conflicto que durante el interludio Markezinis (julio-noviembre de 1973) enfrentó en Grecia a Papadópulos y al general Ioannidis: ese conflicto culminó con la eliminación del primero por un verdadero golpe de Estado dentro del golpe de Estado. Las diversas alternativas —a través de sus contradicciones internas— del régimen franquista, también son claramente visibles en ese sentido. En fin, en esta coyuntura explosiva, a menudo sucede que ciertos círculos dirigentes, más clarividentes que otros a quienes el hecho de no tener ninguna gravitación en las masas les hace literalmente perder la cabeza, asumen progresivamente una actitud "comprensiva": plantean, ya sea un derrocamiento "controlado" del régimen (Spínola, los generales griegos y el ejército del Norte); ya la existencia de un movimiento democrático legal, pero no integrado al régimen (Díez Alegría, ex jefe del estado mayor del ejército en España), persiguiendo con ella la modificación de la política de la burguesía interior frente a las masas populares.

Hasta ahora no hemos hablado más que de los círculos dirigentes de esos aparatos del Estado. Pero no hay que desdeñar el conjunto de la jerarquía: los escalones intermedios e inferiores, por lo general *de origen de clase* (progresivamente pequeña burguesía en Portugal y España, campesinado y pequeña burguesía en Grecia) diferente del origen de clase de la "cúspide" o "cúpula", pero sobre todo y fundamentalmente de *extracción de clase pequeñoburguesa* (lo que los diferencia de las cúpulas, rápidamente "aburguesadas"), son, ya sea en el ejército, en la justicia, o en la administración civil, las *primeras líneas de "contacto"* verdadero con las masas populares.

Ahora bien, en los regímenes de tipo fascista, no sólo esos escalones intermedios e inferiores son fuertemente movilizados y unificados por la estructura ideológico-fascista, sino que, además, tienen cotactos con las masas, las que, en cierto modo y en algunos aspectos, participan del aparato organizativo. Nada de eso ocurre, tampoco, en el caso de nuestras dictaduras militares: un sector de esos escalones se ve a la larga *atenazado* entre las masas populares y la cúpula y directamente atravesado e impregnado por la lucha de clases. Eso acentúa las líneas divisorias de clase que separan a los diversos escalones de la cúpula del aparato del Estado y se traduce en contradicciones internas muy fuertes entre los escalones inferiores e intermedios y la cúpula: el caso más característico en este aspecto es el del Movimiento de las Fuerzas Armadas en Portugal. Conviene, además, distinguir correctamente las diversas clases populares: si la lucha de la *clase obrera* no produce efectos en el seno de esos escalones más que "a la distancia", la lucha de la *pequeña burguesía,* ya volveremos sobre eso, los toca de un modo más directo.

Una primera enseñanza se saca de este análisis: la lucha de las masas populares, aun cuando no tome la forma de un levantamiento general y frontal contra los regímenes, ha tenido siempre, en último término, un papel determinante en su derrocamiento, *porque interviene, inicialmente, en las contradiccions internas mismas de esos regímenes, que son las que motivan que se desencadene el proceso de su derrumbe.*

Surge un segundo elemento: el único medio para que las masas populares agudicen las contradicciones internas de esos regímenes e incluso encuentren aliados en su seno, no es la integración física de los aparatos para subvertirlos desde "adentro": una práctica semejante revela una interpretación absolutamente falsa de los términos "adentro" y "afuera" aplicados a las relaciones entre las masas populares y el Estado. Sacar esa conclusión estratégica —"subversión desde adentro"— de la comprobación de que no sólo el ataque frontal, sino también las contradicciones internas, pueden desencadenar el derrocamiento de los regímenes, es erróneo. El agudizamiento de las contradicciones internas nunca es más intenso que cuando las masas populares mantienen una *lucha a distancia* de los aparatos del Estado tratando de *atraer hacia ellas* los elementos "vacilantes" de esos aparatos. Es precisamente en esa forma que *se interiorizan* mejor en el seno mismo del régimen los efectos de la lucha de las masas populares.

Esto nos permite sacar a luz otro problema: si bien es cierto que las masas populares deben en todo momento luchar a distancia de los aparatos del Estado, ¿no deberían *también, paralelamente,* integrarlos, a fin de llevar a cabo *simultáneamente* la "subversión desde adentro"?

Digamos de entrada que esta cuestión no cubre más que parcialmente el problema de la "lucha legal" y de la "lucha ilegal". En efecto, pueden perfectamente existir, bajo tales regímenes, formas legales o semilegales de lucha *sin* participación directa en los aparatos organizativos: recursos de todo tipo, huelgas de distintas formas, presencia en la prensa y publicaciones, constitución de organizaciones semilegales paralelas, comisiones obreras (en España) u organizaciones culturales (en Grecia) ... Una respuesta positiva a la cuestión de la utilización de ciertas formas legales de lucha no implica necesariamente, sin embargo, una respuesta positiva a la cuestión de la presencia de la resistencia en los aparatos del Estado.

Ésta es ya una cuestión vieja; planteada por Dimitrov en el VII Congreso del Komintern (1935), que se refería a los regímenes fascistas (Dimitrov optó por la afirmativa), y que fue de una gran importancia para la resistencia griega, española y portuguesa, fundamentalmente cuando hubo que decidir la actitud a tomar frente a los sindicatos oficiales en los respectivos países.

Es necesario decirlo claramente: no habría a este respecto una sola respuesta, válida para todos los casos, para todos los aparatos y en todas las coyunturas. Por una parte, las masas populares y la resistencia pueden sacar partido de las contradicciones internas de los aparatos sin formar físicamente parte de ellos; por la otra, teniendo en cuenta las contradicciones internas de esos regímenes —que, vale la pena repetirlo, están lejos de ser bloques monolíticos sin fisuras—, la presencia *paralela* de las masas y de los militantes de la resistencia en sus aparatos puede ser un medio para reforzar la lucha e influir sobre las contradicciones. Y éste sería un medio cuyas ventajas estratégicas podrían significar de lejos mucho más que los riesgos, reales, de la legitimación de los aparatos: esto se vio particularmente, de manera espectacular, con el PC portugués que había conseguido tener prácticamente en mano los sindicatos oficiales, lo que ayudó considerablemente a la lucha de la clase obrera en el proceso de derrocamiento del régimen. En suma, para la resistencia, una vía demasiado precisa entre el boicot (línea que predominó en la resistencia griega) y la presencia directa y física en los aparatos, resulta estrecha.

Para volver a la cuestión principal: la experiencia probó, o prueba, que el *derrocamiento* de esos regímenes —es decir, una verdadera "ruptura" democrática— y su remplazo por regímenes burgueses pero "democráticos" al fin y no un simple cambio de fachada (una mera normalización), es *posible* también por otras vías que el levantamiento insurreccional masivo, general y frontal de las clases populares. Pero esta forma o vía de remplazo estaba lejos de ser posible para todos en las organizaciones de izquierda. Incluso entre quienes admitían que el derrocamiento de los regímenes se haría mediante una "etapa democrática" propia (lo que ya en sí no era opinión de todo el mundo), había muchos que pensaban que, en razón de la naturaleza misma del régimen, esa ruptura democrática era imposible sin un levantamiento. Si eso fue posible de otro modo fue porque además de los elementos ya señalados, la burguesía interior apoyada ampliamente por la pequeña burguesía consiguió asegurarse, por lo menos hasta ahora, la hegemonía en el proceso. Repitámoslo: no hay que ignorar que esta vía de salida tiene todavía, o tendrá, repercusiones importantes en las formas de los regímenes que han remplazado a las dictaduras militares, o que parece que están por hacerlo (España).

Esas repercusiones se traducen, en lo fundamental, por los *límites* que se han impuesto al proceso de democratización y de depuración del Estado legado por las dictaduras militares. Por ahora señalo que esos límites se vinculan, por un lado, con el hecho de que las masas populares intervienen en el proceso de manera decisiva, pero una vez que éste, en cierto modo, se ha desencadenado "desde arriba", es decir, *una vez que* los compromisos entre las fuerzas que tienen parte principal en las contradicciones internas del régimen, ya se han cristalizado en el seno de los aparatos, creando la "oportunidad" del derrocamiento. Las masas populares pueden, en ese caso, *ensanchar sus límites,* pero sólo difícilmente, y a largo plazo, eliminarlos, pues su intervención directa se produce no, por cierto, *fuera de tiempo* —se trata de un *proceso*—, pero sí en forma relativamente tardía. Esos límites crean, en particular, constantes dificultades para lograr la depuración y democratización de los aparatos del Estado *por abajo.*

Así, en Portugal, el MFA mismo, entre otras razones a causa de sus divisiones internas y de sus relaciones de fuerzas con un aparato militar que está lejos de haber sido depurado radicalmente, a menudo ha intervenido —indirectamente a través de la fuerza de coordinación militar que se creó en momentos del segundo gobierno provisional y después de la caída del primer ministro Palma Carlos (el COPCON, comandado por el general Carvalho como subjefe)—, para hacer respetar los límites impuestos al *saneamento** *por abajo,* ya sea en el conflicto del *Jornal de Comercio,* en el de la empresa LISNAVE o, incluso, en los de varias administraciones públicas (Correos, por ejemplo). En esos conflictos, las masas exigían la separación de altos responsables comprometidos con el régimen dictatorial (todavía el MFA sigue evolucionando en este aspecto).

En Grecia, las cosas son aún más claras en lo que se refiere a los límites impuestos a la depuración por abajo de los aparatos, aunque allí las masas estén directamente presentes y sean políticamente muy activas —el aparato universitario y el sindical, especialmente—, lo que provoca, sobre todo en el aparato universitario, situaciones explosivas.

En síntesis, en los dos casos y a diferentes grados se comprueba, por un lado, cierta desconfianza de los sec-

* En portugués en el original [T.].

tores que tienen parte directa en el proceso de derrocamiento *frente a las iniciativas* de la base para llevar a cabo una depuración que, sin embargo, no llega a salirse del marco de una "democratización" (de ningún modo hubo, en esas iniciativas, intentos reales de creación de "soviets"); por el otro, las masas encuentran obstáculos para intervenir de manera *autónoma* en la "democratización", es decir, para ser algo más que un mero apoyo de un proceso de depuración todavía *directamente controlado desde arriba.*

De esta forma se plantea una vez más el problema esencial, todavía no resuelto, aunque se admita que el derrocamiento de esos regímenes es, *de todas maneras,* una conquista considerable de las masas populares: *que esta vía fuera posible y haya triunfado, no prueba, en sí, que toda otra forma de derrocamiento de esos regímenes, más favorable a las masas populares, hubiera sido imposible.* Cuestión decisiva que estuvo, y está, en el corazón de todos los debates de las organizaciones de izquierda en esos países. Lo dije en la *advertencia* al comienzo de este ensayo; no intentaré su examen porque esa sola cuestión merecería un libro: en efecto, por un lado, tiene que ver con las *coordenadas objetivas,* a la vez mundiales y particulares de esos países, por el otro, con la *estrategia* de las organizaciones de izquierda y fundamentalmente con la de los partidos comunistas que han sido la punta de lanza de la resistencia a las dictaduras (el sentido de una "etapa democrática" en un proceso prolongado, ininterrumpido y por etapas hacia el socialismo, las alianzas con fracciones de la burguesía y la hegemonía en esas alianzas, las formas de lucha, etc.).

5

LOS APARATOS DEL ESTADO

El estudio de los aparatos del Estado de estos regímenes de dictadura militar nos dará ahora la oportunidad de profundizar en la cuestión de sus contradicciones internas.

Hay que comenzar por una consideración esencial, a menudo tenida en cuenta: la experiencia demostró, y está demostrando en España, que esos regímenes de dictadura *son incapaces de reformarse, es decir, de hacer una evolución interna continua y lineal hacia una forma de régimen "democrático-parlamentario", que remplazaría el precedente por una vía de "sucesión" controlada.* El problema aquí es el mismo, en forma *invertida,* que en el "proceso de fascistización" del que hace poco me ocupé: así como una forma de Estado de excepción (fascismo, dictadura, bonapartismo) no puede surgir de un Estado democrático-parlamentario por una vía continua y lineal y por etapas sucesivas y, en cierto modo, imperceptibles, tampoco puede surgir un Estado democrático-parlamentario de una forma de Estado de excepción.

Para comprenderlo, hay que tener en cuenta, y no subestimar, las *diferencias decisivas* que existen en esas formas del Estado burgués, tanto en lo que se refiere a su estructura misma como a las relaciones de fuerzas en las clases a las que corresponden: relaciones de fuerzas diferentes entre clases dominadas y bloque en el poder, relaciones de fuerzas profundamente modificadas entre los diversos componentes y fracciones de clase de ese bloque mismo. Es en este sentido que coinciden las transiciones de una de esas formas de Estado a otra, con las *crisis políticas,* coyunturas de condensación de las contradicciones que rompen con el proceso de la lucha de clases. En síntesis, no solamente son las transiciones del capitalismo al socialismo las que se corresponden con las crisis políticas propias de las *situaciones revolucionarias.* Las modificaciones de las relaciones de fuerzas, que, sin embargo, no llegan a alcanzar ese grado de sacudimiento, a menudo acompañan las crisis políticas, dando lugar en algunos casos a modificaciones sustanciales del Estado burgués.

Esas crisis, por otro lado, no marcan sólo los pasos de una forma de Estado democrático-parlamentario a una forma de Estado de excepción del Estado burgués: también *pueden* marcar las transiciones entre las diversas formas democrático-parlamentarias de ese Estado (remito, en particular, al advenimiento del *gaullismo*). Pero, *de todas maneras* y *en todos los casos,* marcan los pasos de una forma de Estado democrático-parlamentario a una forma de Estado de excepción y, lo que aquí más nos importa, el paso inverso de una forma de Estado de excepción a una forma democrático-parlamentaria.

En efecto, una de las funciones del Estado democrático-parlamentario (sufragio universal, pluralidad de partidos y organizaciones políticas, relaciones particulares entre el poder ejecutivo y el Parlamento, reglamentación jurídica de las respectivas esferas en las diferentes ramas y aparatos del Estado) es la de permitir modificaciones de las relaciones de fuerzas en el seno del bloque en el poder *sin provocar trastornos graves en los aparatos del Estado:* ése es fundamentalmente el papel de la Constitución y el derecho. El Estado democrático-parlamentario, valiéndose de un esqueleto organizativo que permite el funcionamiento y la circulación orgánica de la hegemonía entre las fracciones del bloque en el poder indirectamente a través de sus representantes políticos —e incluso hasta cierta ventilación regulada del poder en el seno de las clases y fracciones dominantes—, no alcanza *sino parcialmente ese objetivo. Pero eso resulta totalmente imposible en la forma del Estado de excepción.* Dicho con otras palabras y en contra de una concepción muy difundida (la "debilidad de las democracias" frente a la "potencia de los totalitarismos"), las crisis políticas que marcan a los Estados de excepción son de otro modo más peligrosas para esos estados que para los regímenes democrático-parlamentarios porque éstos disponen a menudo de los medios institucionales *para administrarlas.*

El Estado de excepción efectivamente ha surgido para remediar una crisis característica de la hegemonía en el bloque en el poder y en las relaciones de ese bloque con las masas populares. Corresponde a importantes desplazamientos de relaciones de fuerzas: este desplazamiento, o esta consolidación, de la hegemonía (hacia la *oligarquía* —capital comprador/grandes sectores agrarios— en España y Portugal; hacia el capital comprador en Grecia) se produjo a través de una serie de modificaciones específicas que, precisamente, fijan en el corazón mismo de esta forma de Estado, como una marca indeleble, la relación de fuerzas a la que *originalmente* había correspondido. Esa relación de fuerzas no pudo ser institucionalizada más que por una modificación profunda de los aparatos del Estado, característica de todo régimen de excepción: supresión de los representantes políticos tradicionales (partidos políticos) de las fracciones del bloque en el poder, eliminación del sufragio, desplazamiento hacia el aparato represivo (ejército, fundamentalmente) del papel dominante de los aparatos del Estado, reforzamiento significativo del centralismo "burocrático" del Estado, jerarquización y recuperación de los centros de poder real en el seno del Estado y de sus correas de trasmisión. Esto tiene dos consecuencias: por una parte, que las modificaciones de la relación de fuerzas en el seno mismo del bloque en el poder (en este caso, en favor de la burguesía interior) no pueden producirse sin un cambio radical de esa forma de Estado; por la otra, que el cambio no puede operarse por una vía lineal y mediante sucesivos retoques.

Para comprender mejor este último punto hay que tener en cuenta un factor sobre el que nunca se insistirá demasiado: el aparato del Estado no es una *cosa* ni una estructura *neutra en sí* y la configuración del poder de clase no interviene allí solamente como *poder de Estado*. Las relaciones que caracterizan al poder del Estado impregnan la estructura misma de su aparato, siendo el Estado la condensación de una *relación* de fuerzas. Precisamente esa naturaleza del Estado —del Estado como relación—, atravesada de lado a lado por contradicciones de clase, es la que les atribuye y permite a esos aparatos y a los agentes que los componen un *papel propio* y *un peso específico*. De allí surge por otro lado la proposición marxista fundamental según la cual la transición al socialismo no puede hacerse por un simple cambio del poder del Estado (la clase obrera y sus aliados remplazando a la burguesía) sino que es indispensable que se *rompan* los aparatos del Estado: no se trata sólo de remplazar los agentes dirigentes de los aparatos del Estado, sino de trasformar radicalmente su estructura organizativa misma. Pero lo que es más, el Estado burgués no puede, en el caso de un cambio del poder del Estado, engendrar *por sí solo* un Estado socialista (ilusiones del "socialismo de Estado") porque el peso específico y el papel propio de esos aparatos se manifiesta siempre, a través de su propia estructura, como *resistencia* a la trasformación del Estado.

Esta tesis de la necesidad de "romper" los aparatos de Estado concierne al paso del capitalismo al socialismo. Pero las verificaciones sobre las que se funda no pierden nada de su pertinencia en el caso preciso del paso del Estado burgués de excepción a la forma de Estado burgués democrático-parlamentario. Ciertamente, no se trata de ningún modo de "romper" los aparatos del Estado, pero podemos decir, *de manera analógica,* que las trasformaciones considerables requeridas para el paso del Estado de excepción al Estado democrático-parlamentario, no pueden ser operadas por el Estado de excepción *mismo y en tanto tal:* el *papel propio* y el *peso específico* de su aparato institucional juegan masivamente en el sentido de una *resistencia* a esas trasformaciones. Lo que no siempre es el caso para el paso de una forma a otra del Estado democrático-parlamentario.

En efecto, las características propias del Estado de excepción son una de las fuentes a la vez de su potencia y de su *fragilidad,* a causa misma de su *extraordinaria rigidez.* La menor "apertura" real implica el riesgo de desmoronar el conjunto del edificio. Su osatura y su cimiento interno, ideológico y represivo, se fundan sobre un reparto muy delicado entre clanes y fracciones, entre ramas y aparatos prodigiosamente intrincados, acrecentados y jerarquizados en sus funciones y sus esferas de competencia. Toda reorganización, aun la más simple, incide directamente en el aparato del Estado, teniendo en cuenta su *permanente desequilibrio* frente a las luchas de clases que ha intentado congelar, incluyendo las luchas entre clases y fracciones del bloque en el poder. Las contradicciones internas que atraviesan este Estado y sus mismos aparatos dominantes (ejército) —más importantes que las de un Estado democrático-parlamentario donde son una forma privilegiada de expresión de las clases privadas de sus organizaciones políticas propias—, hace que no puedan ser dominadas y contenidas más que por una verdadera descomposición del Estado en "feudos", cuyas relaciones están despojadas de toda flexibilidad. Precisamente esa organización del Estado de excepción es lo que permite, además, la *autonomización relativa* particular —sobre una base de *potencia propia*— de las diversas facciones y clanes que, al defender sus privilegios, pueden en algunos casos obstruir constantemente las eventuales tentativas de otras facciones por "normalizar" y "hacer evolucionar" el régimen.

Ése no sería más que un aspecto de la imposibilidad de evolución interna de esos regímenes: el más importante atañe a las masas populares. Esos regímenes habrían podido, *en última instancia,* lograr cierta liberalización, a condición de que contribuyera a la resolución de los problemas internos del único bloque en el poder y de que las masas populares fueran excluidas y sujetadas firmemente en ese proceso. Liberalización en relación con el bloque en el poder que le es indispensable para montar una organización política autónoma frente a las masas populares, ya organizadas políticamente por las organizaciones de izquierda en la clandestinidad (ése fue el objetivo original del proyecto de "ley de asociación" del actual primer ministro español Arias Navarro). *Pero eso es absolutamente imposible por dos motivos:* ante todo porque es, en gran parte, el ascenso de la lucha de clases populares lo que ha precisamente agudizado las contradicciones del bloque en el poder, contradicciones que necesitan un cambio de forma del Estado para solucionarse, pero siempre a partir de la relación de cada una de las fracciones de ese bloque con las masas populares: *en el momento en que el Estado de excepción se ve obligado a cambiar su relación con el bloque en el poder, el ascenso de la lucha de masas populares es ya un hecho.* Por eso mismo, toda apertura de "liberalización controlada" por parte del Estado se convierte en una brecha abierta por la que se precipita el movimiento popular. ¿Qué puede significar, por ejemplo, la autorización de crear sindicatos "relativamente representativos" de las clases populares a fin de permitirle al bloque en el poder "negociar" con ellos, si por esa misma brecha los sindicatos son rápidamente tomados por los representantes auténticos de las masas populares (experiencia de las comisiones obreras en España)? ¿Qué puede significar una "liberalización de la censura" en la prensa y las publicaciones con la esperanza de reconstituir una capa de "intelectuales orgánicos" del bloque en el poder, cuando esa liberalización es inmediatamente utilizable por las masas populares y sus intelectuales (Grecia, España, incluso Portugal)? ¿Qué puede significar el otorgamiento a las universidades de ciertas "franquicias" y "elecciones corporativas" a fin de asegurarse la neutralidad de la *inteliguentsia* y de la juventud, cuando esas medidas degeneran rápidamente para los regímenes dictatoriales en episodios comparables a los de la Escuela Politécnica en Grecia?

En síntesis, los regímenes dictatoriales se ven obligados a trasformarse cuando ya no pueden más —*y porque no pueden más*— controlar por la fuerza el movimiento popular, lo que quiere decir que tampoco pueden, en consecuencia —y *de ningún modo*—, controlar y dirigir su propia trasformación. Esos regímenes se ven acorralados por el viejo dilema: o bien conceden *demasiado poco,* en cuyo caso las pretendidas trasformaciones no responden para nada a las necesidades de la situación, o bien esas trasformaciones constituyen un comienzo de respuesta y esos regímenes aparecen, casi automáticamente, habiendo concedido *demasiado.*

En ese contexto de necesidad e ineluctabilidad de una *ruptura democrática* en la trasformación del régimen, es posible comprender los acontecimientos de Grecia y Portugal. La ruptura fue perfectamente neta en Portugal, con la alianza del Movimiento de las Fuerzas Armadas y de Spínola contra el régimen de Caetano, que abrió el camino a una intervención decisiva de las masas populares cuya amplitud y potencia se conoce: esta vez en forma directa, esa intervención provocó la caída de Spínola, giro decisivo en el proceso de democratización. La ruptura fue menos clara en el caso de Grecia porque estuvo recubierta por la *apariencia* de que el "ejército" mismo le entregaba el poder a Karamanlis y a los civiles. Lo que, por supuesto, *es totalmente falso:* ante todo, no se trata aquí del "ejército" en tanto tal, sino de un auténtico *pronunciamiento** de los oficiales de los ejércitos del Norte, apoyados por la Marina y la Aviación, contra la junta militar de Atenas. En segundo lugar, es dudoso que las cosas se hayan realmente desarrollado según la "voluntad" de ese *pronunciamiento* y del *compromiso a medias* con la junta que de allí resultó; los memorandos sometidos al juez de instrucción por los principales miembros de la junta, en el momento de su detención, son esclarecedores en ese sentido. Es probable que los oficiales rebeldes griegos, a la manera de Spínola primera versión (cuando su destitución por Caetano), apuntaban originariamente a una trasformación *sin ruptura democrática*: un régimen en el que mediante concesiones a los civiles y dejando algunas libertades relativamente controladas, las palancas importantes de dirección, quedarían en manos del ejército. Eso fue por otro lado confirmado por la tentativa de golpe militar abortada en febrero de 1975.

Era, también entonces, manejarse sin las fuerzas populares, que habían librado una *lucha encarnizada* durante el período que siguió a la caída del régimen militar. Pero la partida no había terminado de jugarse todavía del todo, pues el tener a raya (siempre relativo) al ejército y la policía no se hicieron sino progresivamente. Esas luchas no solamente dieron lugar a manifestaciones masivas y poderosas, sino, sobre todo, a una intervención decisiva de la masa de la tropa que fue incorporada en momentos de la movilización general para hacer frente a los riesgos de una guerra con Turquía: esa intervención tomó la forma de pruebas de fuerza constantes, en el seno de las diversas unidades, entre los oficiales fieles a la junta y la tropa, incluyendo a los oficiales de reserva

* En español en el original [T.].

(que desempeñaron igualmente un papel muy *importante* en Portugal). Después, fueron esas luchas las que impusieron solucionar la "cuestión real" a través del referendo popular y que contribuyeron, en el momento del referendo, a la destitución del rey, hecho importante en el proceso de democratización. En fin, fue la movilización de las masas populares y de sus organizaciones lo que hizo fracasar el golpe militar intentado en febrero de 1975, fracaso que abrió el camino a una depuración importante dentro del ejército.

Todo esto demuestra la necesidad de una *ruptura*, pero también muestra, una vez más (nueva analogía, *en sentido inverso,* con el paso de una forma de Estado democrático-parlamentario a una forma de Estado de excepción), que esta ruptura toma la forma de un efectivo *"proceso"*. Se ve claramente que las contradicciones internas de esos regímenes —que son las que decididamente desencadenan los comienzos del proceso—, proveen igualmente a las masas populares de las "oportunidades" de intervenir en *la realización práctica* de ese proceso de ruptura misma.

El papel de las masas demostró ser todavía más importante en España donde, por una parte, el movimiento popular es más importante que bajo los regímenes griego y portugués, pero donde, por la otra, parece poco probable por el momento, y en ausencia de las condiciones particulares de Grecia y Portugal, que esa "oportunidad" surja del seno mismo del ejército, al menos en la forma que tuvo en Portugal y Grecia. Pero esas contradicciones internas que, por más decisivas que sean, finalmente no son más que una oportunidad de intervención para las masas populares, *existen sin lugar a dudas también en España.* La oportunidad, allí también y en el contexto de las contradicciones internas, no solamente puede surgir directamente de cualquier lado, sino que incluso puede crearse por el posible descontrol del movimiento de un sector del régimen que, originariamente, apunta a otro objetivo. A manera de ejemplo, y para aventurarme en hipótesis, no está excluido que, a la muerte o separación de Franco, el sector del aparato militar que frente a los ultras jugará la "sucesión planificada" de Juan Carlos, descubra que, a semejanza de los generales griegos del ejército del Norte, no ha servido más que a la oportunidad de una ruptura democrática, sin saberlo. Pero, en el caso español, es igualmente probable que esas contradicciones internas (que se manifestaron en febrero de 1975 por la firma de 2 000 oficiales de la petición Justicia y Paz reclamando la amnistía general) tengan por efecto esencial impedir que el ejército, en razón de sus divisiones internas, intervenga para romper un proceso eventualmente desencadenado esta vez —como consecuencia de la fuerza del movimiento popular y la podredumbre característica del régimen— por las masas populares mismas. Quedando claro, desde luego, que las dos formas del proceso pueden aparecer combinadas.

Volvamos a nuestro problema. La ruptura democrática se *materializó concretamente* en modificaciones institucionales considerables y a través de cambios significativos en el personal dirigente de los diversos aparatos del Estado: cesantías y depuraciones. Ése fue el caso, en grados diferentes y teniendo en cuenta las circunstancias particulares del derrocamiento de cada régimen, en Portugal pero también en Grecia. En el caso de Grecia, especialmente, contrariando lo que pudo pensarse por la forma en que se daba el proceso, el ejército (especialmente después del golpe abortado de febrero de 1975), la policía, la gendarmería, la justicia, los aparatos escolares y universitarios fueron depurados de una parte relativamente importante de elementos directamente comprometidos con la junta de los coroneles.

Es evidente que en los dos casos, teniendo en cuenta

la coyuntura de la caída del régimen, las cesantías y trasformaciones permanecieron *en los límites de una "continuidad" del Estado*. No sólo no hubo trasformación democrática del tipo alianza antimonopolista, sino que la ruptura democrática se hizo bajo la hegemonía de la burguesía, y puede verse lo que en ese sentido sucede todavía en Portugal. En esas condiciones, es evidente que la depuración de los aparatos del Estado tropieza constantemente con los límites fijados por la relación de fuerzas. Una parte apreciable de agentes del Estado, irrecuperable para el movimiento democrático y popular pero bastante útil a la burguesía en previsión de luchas futuras, queda en su lugar, en ósmosis estrecha desde entonces con los aparatos políticos propios de la burguesía en vías de reconstitución. Ese fenómeno es tan acentuado que, bajo los regímenes dictatoriales mismos, una parte del personal político de esos aparatos mantuvo siempre lazos de complicidad con el régimen: ése fue notablemente el caso en Grecia de un amplio sector de funcionarios del antiguo partido de Karamanlis, muchos de los cuales forman la osatura de su movimiento actual —a pesar de cierta renovación democrática (la Nueva Democracia). En fin, esos elementos tienen su importancia en la lentitud particular que tiene el ritmo de democratización de los aparatos del Estado en esos países, *democratización que necesita de las luchas constantes de las masas populares.*

Los límites que antes había mencionado como límites a la "democratización desde abajo", aquí se convierten en límites a la "democratización desde arriba". Son perfectamente claros, en todos los dominios, en Grecia; no mencionaré más que los menos conocidos, que aparecieron en Portugal. En primer lugar, si la PIDE y la Legión portuguesa fueron ciertamente desmanteladas, dos de los cuerpos paramilitares, pilares fundamentales del régimen salazarista, la GNR (Guardia Nacional Republicana, con una fuerza de alrededor de 10 000 hombres) y la PSP (policía antimotines especializada, con 14 000 hombres) siguen todavía en pie con simples cambios en su dirección: la GNR, que estuvo dirigida por Spínola y el actual presidente Costa Gomes en otros tiempos; la PSP que se hizo célebre tirando contra la multitud que atacó las prisiones de la PIDE en agosto de 1974 hasta el momento de la intervención del COPCON.

La depuración del ejército mismo, a través de los compromisos del MFA con la jerarquía bajo la égida de Spínola y de Gomes, continúa siendo por el momento muy limitada. La aviación, donde el MFA es muy débil y que está lejos de ser "progresista", permanece también prácticamente intacta. En los dos meses posteriores al 25 de abril, alrededor de veinticinco generales del ejército fueron pasados a retiro, pero la destitución de 400 oficiales superiores, comprometidos con la dictadura, que proyectó el MFA después de la crisis de julio (destitución de Palma Carlos), tampoco ha podido llevarse totalmente a cabo, ni siquiera después de la destitución de Spínola. La llegada de Costa Gomes a la presidencia después de Spínola se materializó, fundamentalmente, en los círculos superiores, por la cesantía de cinco generales, entre los cuales, tres eran de aeronáutica. Pero, incluso después de una cierta cantidad de separaciones, quedan, sobre todo en su lugar, coroneles y tenientes-coroneles, simpatizantes notorios de Spínola, cuando no del antiguo régimen, que a veces ocupan puestos operativos (el MFA, recordémoslo, está solamente integrado por oficiales de carrera, y por otro lado, sólo cuenta con alrededor de 400 de los 4 000 que constituyen las tres armas en Portugal), lo que hace que Spínola mismo no esté tan alejado como parece. Se comprueba una excepción en la marina, al mismo tiempo a causa de la fuerza que tiene allí el MFA y de la presión de la base, entre los marinos de rango: poco después del 25 de abril, ochenta y dos almirantes y contralmirantes fueron pasados a retiro. En fin, si hubo una depuración considerable de los poderes civiles locales, ésta se hizo de manera muy desigual: el "Portugal del interior" de las provincias agrícolas del Norte, a pesar de las campañas de "dinamización cultural" emprendidas por el MFA, no ha sido tocado a fondo por la democratización. En suma, vale la pena repetirlo, en Portugal, la consolidación —aunque más no fuera del proceso de democratización mismo— necesitará todavía de importantes trasformaciones y depuraciones de los aparatos del Estado y del ejército.

Pero los límites de la democratización no tienen que ver *solamente* con las vías seguidas precisamente por la "etapa democrática": se vinculan también con la etapa misma. Como toda democratización en el marco de un Estado burgués, ésta tropieza a fin de cuentas —y por cierto a través de su propia evolución que responde a la relación de fuerzas— con el núcleo duro que confiere —a pesar de las diferencias— una "continuidad", es decir, un parentesco natural, a todas las formas de Estado burgués. Muy pronto alcanzados en la fase actual del imperialismo, esos límites son en este caso consustanciales al carácter burgués del Estado. No son, como a menudo se piensa, solamente los que se imponen a la depuración del personal del Estado o a las posibilidades de trasformación de la estructura organizativa de esos aparatos, sino que son *todavía más estrechos* porque sancionan la "continuidad del Estado" también por la permanencia institucional de una *red estatal paralela* efectiva que perdura a través de las diversas formas del Estado burgués y que *tampoco ella* puede ser eliminada sin que se "rompan" los aparatos del Estado, es decir, sin transición al socialismo (recordemos la experiencia Allende en Chile). *Red,* puesto que atraviesa las distintas ramas y aparatos del Estado; *paralela* porque funciona detrás de la apariencia de los aparatos de Estado, que la disimula cuidadosamente; *estatal* pues, aunque sea frecuentemente *paraestatal,* constituye un recurso permanente de la burguesía para el mantenimiento y la salvaguarda de su poder.

Red de la que permanentemente se valen, en consecuencia, las "democracias" burguesas mismas (basta referirse al ejemplo actual de Estados Unidos, de Alemania, para no mencionar a Francia e Italia) y que alimenta los gérmenes de fascistización inherentes a toda forma de Estado burgués. En contra de la concepción (viejo pastel de crema) de una oposición radical (de *naturaleza*) entre "totalitarismo" y "democracia", las diferencias decisivas entre regímenes de excepción y regímenes "democráticos" burgueses (que aquí remplazan a los precedentes) no deben hacer olvidar que, más allá de cierto punto, los límites de la democratización son los del Estado burgués mismo. Lo que también evidencia, en contra de todo "etapismo" que pretende erigir una muralla china entre "democratización" y "socialismo", que sólo se puede llegar a una democratización radical en la medida en que se produzca un verdadero "proceso ininterrumpido y por etapas hacia el socialismo".

Es tiempo de profundizar ahora la cuestión de las contradicciones internas en el seno de los aparatos de estos regímenes, cuyas incidencias en el proceso de derrocamiento hemos verificado. Tratadas principalmente hasta aquí en la perspectiva de los efectos de la lucha de las masas populares, y particularmente de la *clase obrera,* esas contradicciones también deben ser examinadas desde el punto de vista de sus efectos en el seno mismo del bloque en el poder, y también entre el bloque en el poder y la pequeña burguesía.

Este análisis es tanto más indispensable porque la relación entre la posibilidad o no de evolución interna de los regímenes y el papel de las contradicciones internas en su derrocamiento, no ha sido bien captada todavía por las organizaciones de la resistencia.

Desde ese punto de vista, se sostuvieron dos posiciones distintas, igualmente erróneas (pero no por las mismas causas ni respecto del mismo punto). Una sostenía que era *posible* una evolución interna, atribuyéndole un papel *desproporcionado* a las contradicciones internas del régimen; era, a grandes rasgos, la posición típica de los círculos liberales y socialistas portugueses (Mario Soares incluido) en los comienzos de la experiencia Caetano, posición a la que atinadamente se opuso A. Cunhal. La otra, que nos interesa más, sostenía que tal evolución interna era *imposible* pero, al mismo tiempo, *minimizaba* el papel de las contradicciones internas. Eso es lo que surge indirectamente de las posiciones defendidas por el mismo Cunhal cuando, en 1965, se levantó contra la "desviación derechista" del PC portugués entre 1956 y 1959: "En los años 1956-59, esa desviación de derecha se puso de manifiesto alrededor de la concepción de 'la solución pacífica del problema político portugués', que resultaría de un pretendido proceso irreversible y semiautomático de disgregación del régimen fascista. Se consideraba entonces como inevitable, a corto plazo, el derrumbe de la dictadura por el juego de las contradicciones internas del régimen y por la influencia inmediata, directa y mecánica de la modificación de la relación de fuerzas a escala mundial [. . .] En cierto momento, las ilusiones golpistas, en particular la esperanza de que un golpe de Estado militar provocado por los 'disidentes del régimen' pondría fin a la dictadura, influyeron enormemente en la actividad práctica del partido." Lo que se desprende de esas líneas es que, no obstante sus posiciones justas sobre la imposibilidad de una evolución interna, Cunhal evidentemente subestima el papel de las contradicciones internas.

En forma más general, puede decirse que *la imposibilidad de una evolución interna y la necesidad de una ruptura democrática no reducen en nada el papel de las contradicciones internas en el desencadenamiento del proceso mismo de esa ruptura.*

Habíamos comprobado las consecuencias, para esos regímenes, de la eliminación de las organizaciones políticas propias de la burguesía, o sea de los partidos. Pero, *en toda forma de Estado burgués,* cualquiera que sea, si bien los partidos son un medio privilegiado de organización política de la burguesía, *no son el único.* Hay una diferencia decisiva entre la burguesía y la clase obrera. Los partidos burgueses no cumplen, respecto de la burguesía, la misma función que los partidos revolucionarios respecto de la clase obrera: en el marco del Estado burgués, para ésta son el *único* medio de organización (allí reside todo el sentido de los análisis de los clásicos del marxismo sobre la necesidad de una organización "autónoma" de la clase obrera). Por el contrario, para el bloque en el poder, particularmente para la burguesía y a pesar de que los partidos políticos sigan siendo el medio privilegiado de organización, *es el conjunto de las ramas y aparatos del Estado el que accesoriamente puede cumplir ese papel:* de este modo, el Estado capitalista aparece como el poder de la burguesía organizada en clase dominante. Teorización fundamentalmente elaborada por Gramsci, para quien el Estado en su conjunto constituía el "partido" de las clases dominantes.

El papel de la organización política del bloque en el poder puede por lo tanto ser cumplido, en toda forma de Estado burgués, por el conjunto de los aparatos del Estado, ya sea por los *aparatos ideológicos del Estado,* cuyo papel principal es la elaboración e inculcación ideológica, ya por las ramas del *aparato represivo del Estado* (ejército, policía, administración, justicia, etc.) cuyo papel principal es el ejercicio de la represión. A menudo esos diversos aparatos y ramas del Estado constituyen las *plazas fuertes y los bastiones privilegiados de organización* de tal o cual fracción de la burguesía o componente del bloque en el poder. A eso se agrega el hecho de que los aparatos de Estado capitalistas desempeñan frecuentemente un papel de organización para ciertas clases populares que, sin formar parte del bloque en el poder, a veces son *clases de apoyo* del poder burgués. Es el caso de la pequeña burguesía y de las clases populares del campo (campesinado dueño de parcelas) que, no siendo las clases fundamentales (burguesía y clase obrera) de la formación social capitalista, encuentran dificultades considerables para organizarse en partidos políticos propios y autónomos. Los aparatos del Estado que las organizan, aprovechándose del "fetichismo del poder" que caracteriza a esas clases, a menudo consiguen materializar su apoyo a la burguesía.

Resulta así evidente que todo Estado burgués está atravesado por contradicciones entre sus diversos aparatos y ramas (y no solamente entre los partidos políticos), sitios de organización de tal o cual fracción y componente del bloque en el poder. En el seno del Estado, las contradicciones entre clases y fracciones dominantes y las contradicciones entre éstas y las clases de apoyo repercuten en forma mucho más directa y aguda que las contradicciones entre el bloque en el poder y la clase obrera. En lo esencial, estas últimas sólo se manifiestan en el Estado burgués "a distancia", es decir, a través de una reproducción muy mediatizada en el seno del Estado. *Por el contrario,* en el caso de las fracciones del bloque en el poder, las contradicciones se expresan en general a través de verdaderos bastiones y centros de poder diferenciados de cada una de las fraciones en el seno del Estado. La unidad del poder del Estado, en última instancia el de la clase o *fracción hegemónica* del bloque en el poder, se lleva a cabo de manera *muy compleja,* por una dominación contradictoria de la rama o aparato que materializa por excelencia el poder y la organización de esa clase o fracción, sobre las otras ramas y aparatos del Estado.

De esa manera podemos comprender las contradicciones internas en el seno de las dictaduras militares y hacer surgir lo que, en ese sentido, las diferencia de las formas de Estado democrático-parlamentarias. En el caso de estas dictaduras, las contradicciones se ponen de manifiesto de una manera más aguda y específica.

Habría que recordar aquí que los regímenes de dictadura militar no han sido los representantes exclusivos de la gran burguesía compradora, de la oligarquía (gran burguesía compradora/agrarios) ni tampoco para la burguesía, del capital monopolista. Bajo la hegemonía de la gran burguesía compradora (Grecia) o de la oligarquía (España, Portugal), *el conjunto de la burguesía,* incluida la burguesía interior *y* —lo que no la afecta, el capital no monopolista— seguía formando parte del bloque en el poder. Eso significa que las contradicciones incidían directamente en el seno de los aparatos del Estado, en particular en el seno del *aparato dominante mismo, el ejército.*

Digamos incidentalmente que si el ejército constituía o constituye el *aparato dominante de esos regímenes,* es que, en definitiva, ya sea directamente, ya por procuración o, en fin, por los límites estrictos que le impone a su funcionamiento, él controla las palancas de conducción *esenciales* y los centros de *poder real.* Poder real que hay que distinguir cuidadosamente, sobre todo para los regímenes de Estado capitalista de excepción, del *poder formal,* que aparece delante en la *escena política* (el gobierno), donde no siempre los militares están físicamente presentes. Al descuidar hacer esta distinción, muchos autores han sido llevados a subestimar el papel real del ejército, en particular en Portugal y en España, papel que fue (sobre todo en Portugal), o es, menos aparente de lo que fue en Grecia. Pero es cierto que ese papel dominante del aparato militar —que se expresa en el predominio variable de ciertos aparatos sobre otros— no fue (o no es) del mismo grado, ni para los tres regímenes, ni para todas las fases de su duración.

En Portugal, sobre todo, la administración burocrática y el aparato policial (la PIDE), relativamente autónomos, poco a poco desempeñaron un papel igualmente muy importante, y lo mismo se produjo, con menor intensidad, en España y en Grecia. Además, no hay que creer, por cierto, que esos regímenes expulsaron de su *elenco político* a los miembros de las clases dominantes (los diversos "notables" y "caciques") que, como en todo Estado burgués —y en este caso más que en otros—, a menudo tienen una participación directa en los puestos dirigentes del Estado por presencia en las diversas camarillas, grupos de presión, clanes y facciones: problema diferente al del *poder del Estado,* que *de todas maneras* sigue siendo el de las clases dominantes. Ese papel dominante del ejército, que no sólo se manifiesta a través del aparato institucional aparente, diferencia asimismo estos regímenes de los regímenes fascistas en sentido estricto, con una consecuencia precisa: las contradicciones internas de esos regímenes se expresaron *fundamentalmente* en el aparato militar que precisamente *detenta, además, el poder de las armas* (y no en el partido y la burocracia, aparatos dominantes de los regímenes fascistas), lo que contribuye a hacer más peligrosas las contradicciones internas en este caso que en los regímenes fascistas.

Volvamos a la forma en que se expresan, en el seno del ejército, las contradicciones del bloque en el poder: en ausencia de los partidos políticos, el ejército se convierte en el aparato privilegiado de organización política del bloque en el poder. En ese proceso, el papel de los partidos políticos de la burguesía se desplaza en lo esencial hacia el ejército, más precisamente *hacia sus cúpulas,* convirtiéndose *esas cúpulas en el partido político de la burguesía en su conjunto, bajo la dirección de su fracción hegemónica.* Ese proceso de sustitución tiene sus propios *límites:* a la larga, el ejército no puede ya cumplir ese papel de manera orgánica; papel por otro lado *relativo,* pues los representantes políticos de la burguesía no desaparecen y continúan actuando en la semiclandestinidad. Sea como fuere, la sustitución tiene una primera consecuencia: las contradicciones propias del bloque en el poder repercuten directamente en el seno del ejército, se cristalizan en tal o cual tendencia o facción, apoyando tal o cual fracción del bloque en el poder. Eso se vio claramente en las contradicciones entre burguesía interior, por un lado, gran burguesía compradora u oligarquía por el otro, dentro de los ejércitos griego, portugués y español, en el seno mismo de los círculos dirigentes de esos ejércitos (la junta militar griega, el *establishment* militar en España y Portugal). Basta sólo recordar las contradicciones entre "atlantistas" fanáticos, "europeos" y partidarios de una "política autónoma" respecto del tercer mundo en las que ahora se puede ver bien que cristalizan la reproducción dentro del ejército de las contradiciones del capital a escala internacional, a través de los factores internos (bloque en el poder).

Pero el hecho de que las cúpulas del ejército tiendan a desempeñar el papel de partido político de la burguesía agudiza particularmente en el seno del Estado las contradicciones del bloque en el poder. En efecto, el funcionamiento de un sistema *"pluralista"* de partidos políticos dentro de las formas democrático-parlamentarias del Estado burgués, permite cierta ventilación y hace posible negociar una solución de las contradicciones. En el caso de estos regímenes, no solamente las cúpulas del ejército tienden casi a convertirse en *el partido único* de la burguesía en su conjunto, lo que de por sí ya implica una agudización de las contradicciones internas, sino que eso se efectúa precisamente en el marco de la estructuración particularmente jerarquizada, centralizada y unitaria propia del ejército. Esto tiene como consecuencia que las contradicciones se cristalicen y congelen en innumerables clanes y facciones que se eliminan mutuamente so pretexto del mantenimiento de la "unidad" del ejército. Pero aún más: entre otras razones, a causa de esta organización jerarquizada, disciplinada y centralizada y de la forma particular de circulación de la ideología que esta organización implica, sucede que *planas enteras* del ejército, *de arriba abajo,* incluyendo a los escalones subalternos, van detrás de los diversos clanes dirigentes que cristalizan las contradicciones en el seno del bloque en el poder. Entonces, éstas se manifiestan por oposiciones entre *cortes verticales* del aparato militar: oposiciones entre las tres armas (aeronáutica, marina, ejército), particularmente nítidas en Grecia en el momento del golpe abortado de la marina en mayo de 1973, pero también en Portugal; entre gendarmería (guardia civil) y ejército en España que se opusieron abiertamente en las horas y los días que siguieron a la muerte de Carrero Blanco; entre diversas divisiones y cuerpos que componían el ejército (Grecia).

Dicho esto, hay que volver al papel particular que puede desempeñar el ejército frente a las otras clases sociales, en especial la *pequeña burguesía.* Aun cuando esta clase no constituye, al menos en su masa, una clase-sostén del régimen (no lo fue desde el principio en Grecia y progresivamente dejó de serlo en España y Portugal), es decir, aun cuando el ejército no sea el organizador político directo de esta clase en tanto clase-sostén de los regímenes militares, mantiene *lazos estrechos con ella:* es sobre todo lo que ocurre para con una parte de sus niveles intermedios e inferiores. Si esos lazos se fundan en el origen de clase (Grecia, España y Portugal después de la reforma, en 1958, de la Academia militar) y la pertenencia de clase (en el caso particular de España, y en razón de la modicidad de los sueldos, la gran mayoría de los oficiales tienen incluso un empleo civil paralelo), sus alcances van mucho más lejos que sus fundamentos. En todos los casos, esos lazos constituyen —esta vez como consecuencia de la incapacidad constitutiva de la pequeña burguesía para formar aparatos políticos propios y autónomos— *lazos político-ideológicos efectivos de representación.* De este modo las contradicciones entre pequeña burguesía y burguesía atraviesan al ejército en forma más directa que las contradicciones entre burguesía y clase obrera y se acentúan en la medida en que las cúpulas del ejército se convierten en *los representantes políticos directos de la burguesía,* remplazando de manera compleja a los partidos políticos eliminados o prohibidos: aparte de la determinación de clase (aburguesamiento) de esas cúpulas, eso refuerza aún más sus desniveles con los otros escalones.

Las contradicciones internas burguesía/pequeña burguesía *acrecientan,* al *articularse* en su interior, las del bloque en el poder. La evolución que tuvo la actitud de una gran parte de la pequeña burguesía hacia una oposición abierta a los regímenes militares alcanzó a ciertas capas del ejército, ya sea en el sentido de un distanciamiento respecto del régimen, ya en el sentido de una oposición declarada bajo una forma u otra: en Grecia, movimiento de capitanes del ejército del Norte, pero también de algunos niveles intermedios e inferiores de la aviación e incluso hasta de la marina, apoyando el *pronunciamiento* de los generales y almirantes en contra de la junta; en Portugal, Movimiento de las Fuerzas Armadas, bajo una forma ciertamente diferente.

En efecto, el MFA, él mismo muy dividido, es en gran parte y por el momento más un movimiento que se corresponde con la neta radicalización hacia la izquierda de la pequeña burguesía, que un movimiento representativo de las posiciones propias de la clase obrera. Hay varios indicios en ese sentido: el reciente programa económico del MFA, que está lejos de prever trasformaciones estructurales de "ruptura" aunque fueran del tipo antimonopolista; la política económica llevada efectivamente a cabo hasta ahora bajo su égida y, sobre todo, la indudable desconfianza de un sector del MFA respecto de los movimientos populares que no sean los que apoyen directamente sus propias iniciativas, lo cual está lejos de afectar solamente a los considerados como "izquierdistas". De todos modos hay que mencionar (como simple indicio) y aun cuando el programa del MFA hable de servir los "intereses de las clases trabajadoras", el decreto-ley del 27 de agosto de 1974, dictado después de la destitución de Palma Carlos y bajo Gonçalves, miembro de la comisión coordinadora del MFA y primer ministro. Todavía en vigor, aunque no fue (o no pudo ser) aplicado, el decreto *impone límites draconianos al derecho de huelga:* en particular establece el respeto obligatorio de un plazo de *treinta y siete días* entre el comienzo de un conflicto laboral y el desencadenamiento efectivo de la huelga; determina que las huelgas que no respeten las disposiciones legales o intenten modificar un contrato colectivo de trabajo en vigencia, son ilegales, así como también las huelgas por motivos políticos (vieja cantinela) o religiosos, las huelgas de solidaridad con otra rama laboral o profesión y "los paros laborales aislados dentro de los sectores estratégicos de la empresa que tienen como fin desorganizar la producción". El texto, al mismo tiempo que permite los piquetes de huelga, prohibe a los huelguistas la ocupación de los lugares de trabajo y reconoce el derecho al "lock-out" a los directivos de las empresas donde se produzcan huelgas ilegales. No hay duda de que se trata de un texto de compromiso con la burguesía interior y que el espectro de la actividad de los "gremios" de Chile tiene allí algo que ver: de cualquier manera el texto, frente al que incluso la Constitución de Karamanlis resulta de un liberalismo extravagante, no sería posible sin la compleja relación de un sector importante del MFA con las posiciones de la pequeña burguesía. Otros indicios son significativos: la actitud a veces ambigua y desconfiada del COPCON frente a los movimentos reivindicativos de la clase obrera y a los movimientos de *saneamento* por abajo y el hecho de que el MFA, si bien parece abrirse a los suboficiales de carrera a través de una evolución cierta y notable todavía permanece fundamentalmente cerrado a los oficiales de reserva y a los hombres de tropa, etc.

En síntesis, en las condiciones para el derrocamiento de los regímenes en Grecia y Portugal, creadas originariamente por el ejército, se da una *conjunción* de sectores representativos de las posiciones frente al régimen de la burguesía interior y de la pequeña burguesía. Alianza entonces, de esos *dos sectores del ejército mismo,* que tanto en Grecia como en Portugal todavía se mantiene, cueste lo que cueste, y a pesar de su inestabilidad característica y que actualmente se sitúa, por un lado entre el sector de la jerarquía (tendencia "profesionalista", numerosos oficiales cercanos del partido socialista y del PPD, etc.) que sigue al presidente Costa Gomes y el MFA; por el otro, *en el seno mismo del MFA,* localizada entre el *Consejo Superior* —que comprende incluso a los antiguos simpatizantes de Spínola, miembros de la Junta de Salvación Nacional (hombres como Almeida Bruno y Mário Monge que, en el pasado, fueron los *sostenedores* activos de Spínola y que todavía siguen siendo miembros del MFA)— y la *Comisión Coordinadora* (Gonçalves, Carvalho, etc.) en cierta manera más radicalizada: comisión que, a nivel de la Asamblea general del MFA, representaría las posiciones de alrededor del 40% de los delegados que se inclinan por una política anticapitalista. Hecho notable: la extensión actual del MFA en el seno del ejército portugués no sólo o simplemente significa una radicalización del conjunto del ejército sino también que esta alianza conflictiva en el ejército se expresa cada vez más *en el seno del MFA* en la medida en que éste tiende a convertirse en la estructura dominante del ejército. En suma, esta alianza en el seno del ejército portugués cristaliza en gran medida y todavía por ahora (pues indudablemente se asiste a la radicalización de *un sector* del MFA, concomitante con su progresiva apertura respecto de la base) la polarización, en el proceso de derrocamiento del régimen, de una parte importante de la pequeña burguesía hacia la burguesía interior.

El análisis que acabamos de hacer permite extraer dos consecuencias:

a] Las masas populares pueden encontrar en el seno del ejército (pero eso sucede también con otros aparatos) *verdaderos apoyos e incluso aliados* en su lucha contra los regímenes de dictadura. Por supuesto, eso requiere de su parte una política que no haga una amalgama, y sin otra forma de proceso, del conjunto de los militares (ni del conjunto de los agentes de otros aparatos del Estado) como "el enemigo" en bloque. En lo que se refiere a los ejércitos griego y español, a pesar de que participaron en guerras civiles sangrientas contra las masas populares, la consigna que progresivamente ha prevalecido en las organizaciones de izquierda —"reconciliación nacional" sobre la base de la independencia nacional— ha contribuido enormemente a acentuar las brechas en su seno.

b] Pero, en razón a la vez de la organización propia del ejército y de sus lazos de representación político-ideológicos con las diversas clases, *las brechas en su seno se producen de una forma muy compleja.* Hay que tener cuidado de las imágenes simplistas: cúpulas que constituyen un bloque en favor de tal o cual fracción del bloque en el poder (burguesía compradora, oligarquía); niveles intermedios y subalternos que hacen un bloque en favor de la pequeña burguesía. En realidad, las contradicciones atraviesan verticalmente al ejército de lado a lado; las bases de apoyo de las masas populares pueden encontrarse tanto en los círculos dirigentes (burguesía interior) como en los niveles subalternos, y sus enemigos principales tanto en los sectores dirigentes (burguesía compradora, oligarquía), como en los niveles subalternos. Aunque en esos niveles intermedios y subalternos se encuentren más frecuentemente los núcleos sólidos de sus bases de apoyo, no hay que olvidar que es allí también donde pueden aparecer las puntas de lanza de los pretorianos del régimen como sucedió en Grecia con los batallones de la policía militar de Ioannidis, formados por reservistas de un origen de clase muy popular. Eso se debe al mismo tiempo al carácter disciplinario propio del aparato militar y a la *refracción* (reproducción específica) de las posiciones pequeñoburguesas en el seno de sus niveles. Teniendo en cuenta la naturaleza de clase de la pequeña burguesía, sus fraccionamientos y sus "oscilaciones", mientras que uno de sus sectores se radicaliza hacia la izquierda el otro puede radicalizarse y "oscilar" a la derecha: eso repercute en el seno de sus niveles, una de cuyas partes puede servir de base de choque a los ultras. Hay que agregar a ello, en el caso de Portugal sobre todo, la repercusión que tienen en el seno del ejército *las divisiones de las clases populares del campo:* una parte de ellas, a causa de su polarización hacia los grandes propietarios, por la persistencia de vestigios de relaciones sociopolíticas e ideológicas feudales, y bajo la presión de algunos sectores de la Iglesia, continúa apoyando al antiguo régimen. Ciertas capas del contingente de suboficiales subalternos del ejército portugués se parecen mucho, aún hoy, a los "versalleses" de antes.

De tal modo, las contradiciones internas del ejército reflejan y reproducen las contradicciones de clase, pero *no se reducen a ello* —por otro lado no más que las de otros aparatos: la reproducción de las contradicciones de clase en el seno del ejército y de estos aparatos se hace de manera *específica* y *mediatizada,* adoptando los *caracteres propios* de cada aparato y sus funciones. Es en ese contexto que hay que situar algunos otros factores de *complejidad* en la reproducción de las contradicciones de clase en el seno de los aparatos, en particular en el del ejército.

1. En primer lugar, las diversas bandas, facciones y clanes, forma privilegiada de refracción de las contradicciones de clase en esos regímenes, adquieren una *autonomía relativa propia* en relación con las clases en lucha. Frente a la inestabilidad y al desequilibrio de las relaciones de clase correspondientes al Estado de excepción en general, éste presenta los rasgos de autonomía relativa propios del Estado capitalista: autonomía relativa, en este caso particular, respecto de tal o cual fracción del bloque en el poder que el Estado necesita para asegurar *el equilibrio inestable de compromisos* sobre el que se fundan, a la vez, la hegemonía de una clase o fracción sobre otras en el seno del bloque en el poder, y la del conjunto de ese bloque sobre las masas populares. En otra oportunidad me ocupé de este fenómeno (para el caso preciso del fascismo) y me limitaré a señalar ahora sus efectos sobre los regímenes que nos ocupan: esta autonomía relativa determina un margen de autonomía de los diversos aparatos que la materializan, particularmente del ejército, *y permite una lucha entre los diversos clanes, facciones y camarillas que no coincide completamente y de manera mecánica y directa con las contradicciones de clase.* Teniendo en cuenta el importante papel que desempeña el ejército en el manejo de las palancas de conducción reales del Estado (*el poder real*), esta lucha gira alrededor de *intereses corporativos* y de *diversos privilegios:* distribución de prebendas del Estado, ventajas materiales diversas, reparto de la influencia y el poderío en el seno del Estado... Tales fricciones son ciertamente parecidas a las que existen en todo Estado capitalista pero, en razón de la autonomía relativa propia del Estado de excepción, revisten una agudeza considerable.

Ahora bien, si bien es erróneo sostener, como lo hacen ciertos autores, que en estos regímenes el ejército gobierna en función de sus "propios intereses" a los que se someterían las clases dominantes mismas, subsiste no obstante el hecho de que la reproducción de las contradicciones de clase en el seno del ejército *se articula,* en los diversos clanes y facciones, con las fricciones y luchas secundarias que provocan sus intereses corporativos. Eso contribuye, por una parte, a la complejidad de esta reproducción y juega, por la otra, como factor de *intensificación* de las contradicciones internas en el ejército. Dos ejemplos particularmente significativos: en Grecia, toda una serie de contradicciones en el ejército desembocó, bajo el régimen de dictadura militar, en depuraciones y pases a retiro masivos que se debieron, entre otras causas, al atascamiento de los grados superiores y a las dificultades de promoción para la generación de los oficiales (coroneles) reservistas convocados a un ritmo acelerado durante la guerra civil (1946-1949); en Portugal, el movimiento del ejército contra el régimen tuvo como catalizador una torpeza del gobierno de Caetano que lesionaba los intereses corporativos de los oficiales de carrera: el decreto-ley de julio de 1973, destinado a favorecer la inserción en las filas del ejército de un número mayor de reservistas, contabilizaba en forma discriminatoria la antigüedad de los reservistas y de los oficiales de carrera. Estos últimos, movilizados sobre una base corporativista de defensa de sus privilegios, rápidamente fueron implicados en la protesta política que encabezó un núcleo de oficiales.

2. La complejidad de la refracción de las contradicciones de clase en el seno del ejército de las dictaduras militares se vincula con un último factor: en la medida en que se desarrolla un proceso de sustitución relativa del ejército a los partidos políticos, el papel ideológico de aquél cobra una importancia creciente. Ciertamente, en todo Estado burgués el ejército desempeña, paralelamente a su papel represivo, un papel ideológico pero,

en las formas democrático-parlamentarias, ese papel es por lo general secundario en la formación de la ideología dominante. En los regímenes que nos ocupan, como consecuencia de la eliminación de esos aparatos ideológicos del Estado que son los partidos políticos "burgueses" y por el hecho de que el ejército se convierte en el aparato dominante del Estado al que por lo tanto incumbe paralelamente la misión de *legitimar* al régimen, ese papel ideológico aumenta considerablemente; proceso *concomitante* con el acrecentamiento del papel represivo.

Esto tiene dos consecuencias: *a*] las contradicciones en el seno del bloque en el poder y entre éste y las clases populares, se reproducen dentro del ejército indirectamente por las variaciones de la ideología en el seno del aparato; *b*] esta mediatización de las contradicciones de clase se materializa a través de *la ideología interna propia* del aparato militar, forma específica que reviste la ideología dominante en su seno.

Detengámonos primero en el *nacionalismo* del ejército. La ideología nacionalista tiene una importancia considerable en el aparato militar, entre otras razones, a causa de su propio papel en la constitución misma del Estado-nación burgués, en el proceso de la revolución democrático-burguesa y en la organización de la "unidad nacional". Ahora bien, las ambigüedades y las metamorfosis del nacionalismo son conocidas: en el estadio imperialista, progresivamente ha cobrado, en los países dominantes, un aspecto eminentemente reaccionario, mientras que en los países dominados, a través de reivindicaciones de "liberación nacional", ha tomado un aspecto progresista. Lo que nos interesa, sobre todo, es lo que significa el nacionalismo en la fase actual del imperialismo para los países europeos, en particular para los que aquí nos preocupan. Diré sumariamente que, por el hecho de la *nueva dependencia* de los países europeos respecto del imperialismo dominante de Estados Unidos, el nacionalismo puede tener actualmente —y eso es nuevo— cierto carácter progresista en países que no solamente no pertenecen a la zona tradicional del tercer mundo o los países subdesarrollados sino que incluso forman parte de la esfera de los países dominantes: recordemos ciertos aspectos progresistas en Francia del nacionalismo gaullista. Eso es tanto más válido para los países que nos ocupan: no perteneciendo más a la zona llamada del "subdesarrollo" y funcionando incluso como relevos (Grecia, Portugal) en particular, de los países dominantes, para la explotación del continente africano, sin embargo, están marcados por una dependencia característica respecto de los centros del imperialismo.

En consecuencia, resulta útil señalar la evolución de la ideología nacionalista en los ejércitos griego, español y portugués. En una primera etapa —para Portugal y España, del siglo XIX hasta comienzos del XX; para Grecia, desde principios del XX hasta 1935 aproximadamente—, esos ejércitos tuvieron a menudo un papel positivo, interviniendo abiertamente en los procesos del tipo revolución democrática burguesa, a través de la defensa de un nacionalismo progresista. En una segunda fase, posterior a las guerras civiles en España y en Grecia, a la guerra fría y al papel de la OTAN, etc., esos ejércitos tomaron masivamente y bajo diversas formas la dirección de la ideología nacionalista imperialista y ultrarreaccionaria. En la fase actual, que corresponde a la nueva dependencia de esos países, algunos sectores del ejército, especialmente en Grecia y Portugal, vieron renacer poco a poco *—de manera confusa, por cierto—* el aspecto progresista del nacionalismo bajo una forma nueva, marcada por las reivindicaciones de independencia y soberanía nacionales frente a otros sectores y círculos dirigentes que permanecieron enfeudados en un atlantismo brutalmente reaccionario (a saber, las naciones griega, española, portuguesa "madres", respectivamente, del "Occidente cristiano"). El renacimiento confuso de ese nuevo nacionalismo fue durante mucho tiempo subestimado por las organizaciones de izquierda. Sólo daré como ejemplo el retiro de Grecia de la alianza militar de la OTAN que suscitó un eco favorable en el seno del ejército griego. Si la actitud de los norteamericanos tuvo mucho que ver en el asunto de Chipre, no hay que olvidar que las fricciones entre "atlantistas" e "independentistas" (incluso "tercermundistas") fueron constantes a lo largo de todo el régimen de los coroneles.

Lo que interesa es que, por una parte, esas reivindicaciones de soberanía e independencia nacionales fueron hábilmente explotadas por la burguesía interior, a cuyos intereses servían en sus antagonismos con la burguesía compradora: hábilmente explotadas, pues los intereses propios de esa burguesía interior están lejos de corresponder a una autonomía nacional efectiva frente a *toda* dependencia extranjera (incluyendo al Mercado Común). Por otra parte, las reivindicaciones de algunos sectores de los ejércitos griego y portugués han coincidido, en cierta medida, con la real reivindicación de "liberación nacional" de la pequeña burguesía radicalizada, de las masas proletarizadas del campo y de la clase obrera de esos países. En síntesis, es gracias a este aspecto del nacionalismo que se operó en esos países la refracción de las posiciones de clase de la burguesía interior y de las clases populares en el seno del ejército y es sobre ella que *vino a injertarse* la humillación nacional del ejército portugués en las guerras coloniales y la del ejército griego en la cuestión de Chipre. Eso explica, entre otras cosas, que esa humillación nacional no haya desencadenado una rebelión de "cruzados de Occidente" del tipo OAS después de la guerra de Argelia en Francia.

Pero eso no se hizo sin inconvenientes ni ambigüedades graves por la naturaleza misma del nacionalismo: por tratarse de ejércitos modelados en el espíritu de la guerra fría y de la OTAN, a lo que hay que agregar, para Grecia y España, las secuelas de la guerra civil, *ese naciona-*

lismo se conjuga con un "anticomunismo" profundo en el sentido más amplio (comunistas = "antinacionales") Los sectores nacionalistas "progresistas" mismos, a veces se ven animados simultáneamente por la preocupación de la independencia nacional y por el anticomunismo: eso es todavía perceptible, tras las apariencias, en los sectores "progresistas" del ejército portugués mismo. Más aún: en algunos sectores del ejército las reivindicaciones de independencia nacional con frecuencia se alían a un nacionalismo expansionista agresivo, suscitando fenómenos ideológicos muy ambiguos. No señalo más que lo que fue impropiamente designado como tendencia "khadafista" del ejército griego, fuertemente inclinada hacia la "enosis" (unión con Grecia) y la intervención en Chipre contra Makarios y que estuvo lejos de ser la tendencia más atlantista de este ejército, aunque el golpe contra Makarios haya sido preparado notoriamente por la CIA.

En fin, otro rasgo jugó para los regímenes de esos países de manera bastante paradójica: el ejército como pilar del mantenimiento del "orden" —y no solamente en el sentido represivo del término—, de la "continuidad del Estado" y de la "unidad nacional". Ese rasgo tuvo un papel paradójico: *cimiento* del ejército en la instauración y el mantenimiento del régimen, contribuyó, a la larga, al *distanciamiento* de ciertos sectores del ejército respecto de él. En efecto, esos regímenes se mostraron incapaces de trasformarse en el momento en que se agudizaban las contradicciones y las crisis políticas: hasta tal punto que su existencia misma progresivamente fue vista por amplios sectores del ejército como un peligro para la continuidad del Estado y la unidad nacional, creando las condiciones de un estallido general. Esos factores tuvieron una gran importancia, incluso hasta para ciertas jerarquías del ejército en su distanciamiento respecto del régimen. Pero sirven, al mismo tiempo, para marcar los límites y ambigüedades del derrocamiento del régimen. Ante todo, resulta evidente que esos sectores no marcharon contra el régimen más que *a condición,* más aún, *para* que la "continuidad del Estado" fuera preservada, de ahí los límites impuestos a las trasformaciones democráticas y a las depuraciones. En segundo lugar, hecho también muy evidente, algunos de esos sectores apostaron, al menos durante el período de transición, a las organizaciones políticas de las masas populares, en particular a los partidos comunistas, como factores de "orden" y de mantenimiento de las luchas populares dentro de sus límites "razonables", reencontrando así los designios de las burguesías interiores: el caso de Portugal es perfectamente ilustrativo en este sentido porque está lejos de concernir sólo a militares como Spínola. Es de sospechar que esa situación es de una ambigüedad explosiva.

Pero las contradicciones internas de esos regímenes no tienen que ver solamente con el ejército, sino también, en diferentes grados, con la gran mayoría de los aparatos, de las ramas del aparato represivo del Estado, de los aparatos ideológicos del Estado. Los mismos principios que han regido el análisis procedente de las contradicciones internas en el seno del ejército pueden de hecho, *mutatis mutandis,* aplicarse al análisis de esos aparatos, a saber: las contradicciones en el seno del bloque en el poder, entre éste y las masas populares, en particular la clase obrera y la pequeña burguesía; los lazos de representación política anudados, en ausencia de partidos políticos, igualmente entre las cúpulas de esos aparatos y el bloque en el poder (justicia, administración, Iglesia, prensa y publicaciones, aparato escolar, aparato sindical corporatista, etc.) por un lado, entre las masas populares, en particular la pequeña burguesía, y los niveles intermedios y subalternos por el otro; la refracción compleja de esas contradicciones a través de los caracteres propios, la ideología interna y los intereses corporativos particulares de los agentes de cada uno de esos aparatos. Daré algunos ejemplos.

1. Veamos primero el caso de las contradicciones, particularmente importantes en Portugal y España, del *aparato religioso* de la *Iglesia católica* que, en España, han significado incluso una verdadera mutación en la actitud de una gran parte de ese aparato frente al régimen franquista. Esas mutaciones se debieron ciertamente a las trasformaciones de la política del Vaticano en estos últimos años (el *aggiornamento*), pero lo que nos importa todavía más son sus causas internas en España y Portugal. Como fue el caso para numerosos países de Europa, la Iglesia ha constituido, en el proceso de desarrollo del capitalismo y en tanto aparato ideológico del Estado, el principal bastión de organización política de los grandes terratenientes en el seno del Estado. En esta medida, ella fue directamente parte interesada en la instauración y el mantenimiento de esos regímenes en España y Portugal (la *oligarquía:* grandes terratenientes y burguesía compradora).

Ahora bien, en las relaciones de su "jerarquía" y de sus cúpulas con el bloque en el poder, la restricción del lugar económico y la reducción del peso político de los sectores agrarios en el seno del bloque en el poder constituyó la razón principal de un relativo distanciamiento de esas cúpulas, especialmente en España, donde esa restricción de los sectores agrarios fue bastante más clara que en Portugal (proceso análogo, por otro lado, al que siguió la Iglesia católica durante el fascismo italiano). A eso se agrega la repercusión que tuvo en las cúpulas eclesiásticas el nuevo compromiso esbozado entre la burguesía compradora y la burguesía interior (*Opus Dei*). En cuanto a los niveles intermedios y subalternos, el ascenso de las luchas de las masas populares, de la clase obrera y pequeña burguesía en las ciudades, pero también la toma de distancia progresiva, a causa de la proletarización del campo, *de amplios sectores del campesinado pobre y mediano* respecto de estos regímenes, incidió sobre ellos en forma directa. Eso se puso de manifiesto a través de la ideología propia de ese aparato, que sustituyó al "Cristo Rey" por el "Cristo pobre y proletario", *pero en forma compleja:* algunos miembros inferiores (los curas del campo en Portugal, en especial) siguieron, sin embargo, gravitando entre los elementos más colaboracionistas. Sea como fuere, y aunque una parte del aparato religioso mantenga su apoyo a la oligarquía, el proceso condujo en España a fisuras internas tan profundas que cabe preguntarse si, actualmente, no existen perfectamente *dos Iglesias.* Eso ha sido, o es, tanto más importante para esos regímenes puesto que el aparato religioso constituye *una de las piezas esenciales* de los aparatos ideológicos del Estado.

El proceso fue diferente en Grecia: desde hace mucho tiempo, e incluso en el campo, el aparato religioso (la Iglesia ortodoxa) no cumple más que un papel ideológico secundario a causa, entre otras, de la rápida eliminación, ya a comienzos de siglo, del latifundio, por otro lado siempre relativamente limitado en Grecia. Las tentativas encarnizadas de los coroneles para hacerle desempeñar a la Iglesia un papel ideológico importante fracason totalmente. En ausencia de un centro como el Vaticano, la junta consiguió relativamente, mediante intervenciones brutales, remplazar una gran parte de los obispos, particularmente el arzobispo de Atenas, por adictos, pero el clero subalterno e inferior —tradicionalmente muy próximo al pueblo y a sus luchas (lo que fue muy claro durante la resistencia a la invasión nazi)— siguió siendo refractario en masa a la dictadura. Eso explica que las intervenciones de la junta en el aparato religioso hayan dado lugar a contradicciones explosivas —más aún, generaron un desbarajuste verdaderamente indescriptible— que contribuyeron en parte (modesta), a la disgregación del régimen.

2. Análogas contradicciones internas aparecieron en la *administración "burocrática" del Estado* de esos regímenes, aparato que progresivamente desempeñó *un papel muy importante* en su seno. Para no repetir las observaciones precedentes, señalaré los elementos originales de esas contradicciones.

En primer lugar, las contradicciones del bloque en el poder se expresan, en las cúpulas del aparato administrativo, de manera *particularmente confusa,* como consecuencia de la nueva ideología dominante en el seno de este aparato y en la fase actual del imperialismo. La ideología dominante se desplaza del dominio *jurídico-político* (encarnación de la voluntad general, libertades públicas, etc.) hacia el dominio *económico* de la ideología, fundamentalmente bajo la forma del *tecnocratismo* (los "tecnócratas" de los regímenes franquista y griego sobre todo, pero también del caetanismo). Por su apoliticismo aparente, ese tecnocratismo ha permitido el apoyo directo y masivo de las cúpulas de la administración del Estado a regímenes que contribuyeron activamente a la nueva dependencia de esos países frente al imperialismo, lo que se corresponde con su industrialización acelerada; esas cúpulas vieron en el régimen factores privilegiados de "progreso técnico" y de "modernización" (el "desarrollismo"). Fue necesario esperar que las contradicciones inherentes a ese proceso de industrialización surgieran de manera cada vez más evidente para que un sector de las cúpulas, muy frecuentemente enmarcado en la problemática misma del tecnocratismo, tomara sus distancias respecto del régimen, considerándolo, en un primer tiempo, como simplemente "ineficaz". Su toma de conciencia progresiva de la dependencia del régimen respecto del capital imperialista fue en gran medida el efecto del desarrollo de las contradicciones entre la burguesía interior y la burguesía compradora.

En cuanto a los antagonismos entre la cúpula y los niveles intermedios y subalternos de esta administración, se puede aportar otra causa, aparentemente paradójica: las tentativas que hicieron esos regímenes mismos para *"racionalizar"* el funcionamiento del cuerpo burocrático. Proceso en efecto contradictorio: fundados sobre un control disciplinario estricto de la administración obtenido a través de su funcionamiento "burocrático" centralizado y arcaico, esos regímenes son incapaces de llevar a cabo una reforma profunda, necesaria al "desarrollo del subdesarrollo" propio de la nueva fase de dependencia. Eso contribuye a acentuar las contradicciones del proceso de industrialización dependiente y provoca, por otro lado, la hostilidad de la burguesía interior. Sin embargo, existieron tentativas por parte del régimen (sobre todo en Grecia y España), limitadas en razón de sus relaciones con esta burguesía. Esas tentativas (cuestionamiento de las jerarquías burocráticas, renovación de "élites" administrativas, etc.) ciertamente coinciden con las tentativas por un reforzamiento del control político de la administración mediante la ubicación en los puestos clave de gente a prueba de toda confianza, pero también demuestran la auténtica necesidad de "racionalización", es decir, de adaptación de la administración del Estado a la nueva etapa del imperialismo (institucionalización de un dispositivo "tecnocrático-autoritario"). Ahora bien, ese proceso cuestiona directamente toda una serie de privilegios corporatistas del *Beamtentum* tradicional, antiguo refugio parasitario de los hijos de campesinos y de pequeños burgueses proletarizados frente a la desocupación endémica, y acentúa por eso mismo sus contradicciones con el régimen: proceso de la *modernización imposible del Estado* que, bajo otras formas y dimensiones, es sabido que está produciéndose en otros países europeos.

Finalmente, habría que mencionar los efectos que produce en los agentes de la administración, todavía fuertemente impregnados de la ideología del "interés general" y del "bien público", el verdadero saqueo sistemático de los fondos del Estado por parte de la burguesía y los círculos dirigentes de esos regímenes "puros y duros". Si bien el secreto y la censura que rodean el funcionamiento del Estado favorecen esas prácticas e impiden en cierto modo que sean conocidas, su divulgación, a la larga, termina por provocar verdaderos sismos en el seno de la administración, más si se tiene en cuenta que esos regímenes constantemente se presentan como encarnación de la "incorruptibilidad" frente a la "podredumbre" y a la "concusión" de los "políticos" (asunto *Matesa* en España, escándalo de la importación de carnes echadas a perder en Grecia).

3. *El aparato escolar y, fundamentalmente, las universidades,* también está atravesado por contradicciones muy fuertes entre la cúpula y los niveles intermedios y subalternos del personal docente. Ellas se deben, en lo esencial, al ascenso prodigioso de las luchas estudiantiles e intelectuales que, en casos ciertamente excepcionales, incluso llegaron a implicar a ciertos agentes de la cúpula de ese aparato. El fenómeno presenta analogías con lo que sucede en otros países europeos, pero las particularidades intensifican en este caso las contradicciones internas, en particular la estructura casi feudal de las universidades en esos países, que no data por otro lado de las dictaduras sino que se remonta a mucho más lejos; se corresponde con la ausencia de intelectuales orgánicos de una burguesía débil (Grecia) o estrechamente integrada a la oligarquía terrateniente con fuerte influencia de la Iglesia (España, Portugal), hasta el punto que las reformas burguesas "liberales" de antes de las dictaduras no alcanzaron al aparato universitario. Por el juego de sucesivas depuraciones, los regímenes que nos ocupan no hicieron más que reforzar la verdadera dictadura terrorista, a la vez corporatista e intelectual, que ejercían los profesores (los famosos *catedráticos* en España) sobre el conjunto del personal docente. A ello se agregan por un lado los efectos del ascenso de la burguesía interior a las

cúpulas mismas de los aparatos universitarios, algunos de los cuales se convierten a un "liberalismo" de factura tecnocrática; por el otro, en particular en España, las modificaciones en la actitud de la Iglesia: algunos establecimientos de enseñanza superior dependientes de ella, sobre todo los jesuitas, son más liberales que los del Estado.

4. Finalmente, por razones análogas, surgieron contradicciones internas considerables en el seno de una serie de otros aparatos. Es el caso de la *justicia* (Grecia y recientemente España) y de los jueces civiles frente al papel permanente de la justicia y de los tribunales militares y también frente a la característica "arbitrariedad" del sistema jurídico de esos regímenes que, a la larga, terminó por chocar con el juridicismo legalista de los mismos magistrados: cabe señalar en particular el papel de vanguardia que desempeñó progresivamente el cuerpo de abogados en la lucha por las libertades.

En la prensa, aparecieron contradicciones como consecuencia de las constantes idas y vueltas de esos regímenes en torno a la liberalización de la censura que se inscriben, además de las luchas de los intelectuales (escritores, periodistas, etc.) por las libertades, fundamentalmente en el hecho de que la burguesía interior a menudo se volvió hacia ese parato a fin de encontrar allí sus bases de organización política autónoma (caso neto en España y en Grecia). Papel de la prensa y las editoriales análogo al que habían tenido respecto de la burguesía en su lucha contra la aristocracia terrateniente y los regímenes absolutistas, en el período que precedió a las revoluciones democrático-burguesas en Europa.

En el seno del *aparato sindical corporatista,* en crisis y reorganización constante, las contradicciones surgen de las luchas de la clase obrera, de la implantación de militantes de izquierda y de las estrategias de las diversas fracciones del bloque en el poder en relación con la clase obrera.

En el seno del *aparato económico del Estado,* surgen directamente de las contradicciones entre la burguesía interior (algunos aspectos, favorables a esta burguesía, de la política del INI en España; de la política de R. Martins que desembocó en Portugal, en 1972, en la ley del *Fomento Industrial,* que no se aplicó; de la política de ciertos tecnócratas del aparato del plan en Grecia) y la burguesía compradora: contradicciones que cristalizaron, entre otras, en divergencias políticas respecto de las inversiones extranjeras.

Lo que no hay que olvidar es que esas contradicciones en el seno de los aparatos de los regímenes de dictadura militar tuvieron los efectos descritos, en el desencadenamiento del proceso de derrocamiento de los regímenes, sólo en la medida de su *acumulación* y *condensación.* Esos regímenes, por la arbitrariedad que los caracteriza, disponen de poderosos medios para eliminar las contradicciones en el momento en que se presentan en forma aislada, aunque más no sea por el control policial que ejercen en el reclutamiento de los agentes del Estado y por las depuraciones graduadas, sucesivas y constantes que realizan. Pero, aparte del hecho de que a la larga esas medidas terroristas acentúan las contradicciones en cuestión, no sirven para nada en una coyuntura de crisis del régimen, cuando las contradicciones se acumulan y condensan. Privado de una base de masas, el régimen no puede entonces permitirse, frente al ascenso de las luchas populares, una depuración concentrada que provocaría una desorganización total del Estado, y que arriesgaría los fundamentos del sistema capitalista mismo.

Finalizaré este análisis de las contradicciones internas de los regímenes de dictadura militar con una consideración que puntualiza una última diferencia entre esos regímenes y los regímenes fascistas en sentido estricto:

las contradicciones no se manifiestan solamente en el seno mismo de cada aparato, *sino también en las relaciones de cada aparato con los demás.* Esto también se produce en los regímenes fascistas, pero con una diferencia importante que se vincula con el papel específico de la *ideología fascista:* en cierta medida, ésta consigue *cimentar* la cohesión de diversos aparatos, impregnándolos profundamente. Sobre la base de esta ideología, los regímenes fascistas instauran un aparato (el partido fascista) que, además de su papel frente a las masas populares, funciona también —y siempre paralelamente al control policial— como aparato que *de algún modo se impone sobre los otros y mantiene su cohesión.*

No sucede nada comparable en los regímenes que nos ocupan. Privados de la cohesión propia de los aparatos de los regímenes democrático-parlamentarios que, sin ser un bloque monolítico, de todos modos funciona puesto que corresponde a una circulación orgánica de la hegemonía de clase en su seno, estos regímenes no disponen de ese aparato unificador del dispositivo institucional que constituye el partido fascista.

De este modo, *a la larga,* y bajo la centralización institucional del poder, las contradicciones de clase, las contradicciones entre los diversos intereses corporativos de los miembros de cada aparato y las que existen entre los subsistemas ideológicos internos que marcan a cada uno de ellos, se cristalizan *igualmente* en contradicciones muy importantes *entre* los distintos aparatos: entre el ejército y los demás aparatos (ejército/administración, ejército/universidad, ejército/prensa, ejército/justicia), entre la administración y los otros aparatos (administración/universidad, administración/prensa, administración /justicia), entre la Iglesia y los otros aparatos, etc. A esas contradicciones se suman acentuándolas, las internas de cada aparato, que hacen más vulnerables a las dictaduras militares que a los regímenes fascistas, principalmente a causa de las oportunidades que surgen para las masas populares de explotar las contradicciones. Esta ausencia característica de cohesión político-ideológica entre los diversos aparatos de las dictaduras militares facilitó la espectacular toma del aparato sindical corporatista del régimen portugués por los militantes comunistas, y se puede señalar asimismo la presencia cada vez más importante de militantes de izquierda en la universidad española.

Los regímenes de dictadura militar intentan remediar por varios medios este estado de cosas: ésa es una de las razones suplementarias de la existencia de diversos clanes y camarillas que por lo general agrupan a los dirigentes de *diversos aparatos* y que tratan de constituirse igualmente en *centros de cohesión interaparatos.* Paralelamente surgen otras formas: en Grecia, por ejemplo, se nota la presencia de oficiales en actividad, o más frecuentemente, de generales en retiro, en los distintos puestos de control de todos los aparatos. Pero esos medios son de una eficacia limitada comparados con el papel que puede desempeñar, en este sentido, un verdadero partido fascista: por una parte, en virtud de la lucha abierta que sin estar insertas en una red de organización propia, llevan a cabo las diversas camarillas y facciones entre sí; por la otra, en virtud de las resistencias que enfrentan —a falta de una ideología unificadora— los agentes de un aparato (el ejército) en los puestos de control de otros aparatos que siempre, hasta en sus círculos dirigentes, mantienen sus propios subsistemas ideológicos: el nombramiento, por ejemplo, de verdaderos gobernadores militares a la cabeza de las universidades griegas sacudió profundamente a numerosos miembros de su cúpula, que por lo demás eran perfectamente conservadores si no reaccionarios.

En suma, en el contexto de una *crisis* del régimen, el *arbitraje* delicado de los conflictos internos a través de *la cumbre máxima* que implica la centralización del poder, no puede funcionar si falta una organización como la del partido fascista: lejos de fundarse sobre el "poder carismático" de un "jefe providencial", ese arbitraje siempre requiere para materializarse de correas y de relevos institucionales que, en este caso, se desintegran rápidamente.

CONCLUSIÓN

He intentado mostrar las vías que tomó o está por tomar el proceso de democratización: este análisis, no obstante, no prejuzga acerca del futuro de esas formaciones sociales. Teniendo en cuenta sobre todo la potencia del movimiento popular que se desencadenó por la caída de los regímenes y que se desarrolló durante ese proceso, la cuestión de la transición al socialismo se planteará en un plazo más o menos breve con toda su agudeza y dentro de las condiciones de dependencia propias de cada país. Dicho de otro modo, es dudoso que en una situación eminentemente inestable pueda consolidarse *a largo plazo* la etapa de democratización y que la burguesía consiga, como lo hizo en otros países europeos, bloquear *por largo tiempo* el surgimiento de coyunturas revolucionarias: observación que cuenta particularmente para Portugal.

Esta cuestión suscita inmediatamente otra: ¿Hay que temer una *recaída* de esos países, un regreso, bajo una forma u otra (no necesariamente la misma que la precedente), a regímenes de excepción? De todo lo dicho anteriormente surge con claridad que ese peligro *está lejos de haber desaparecido:* los regímenes derrocados han dejado secuelas importantes y los límites de la democratización permiten todavía, y probablemente por mucho tiempo, la existencia de poderosas fuerzas de la reacción "en reserva" de la burguesía y que distan de ser una reserva para la "República".

Es una evidencia que esas fuerzas permanecen vigilantes, listas a intervenir en el momento en que la cuestión de la transición al socialismo se plantee en los hechos (y no solamente en las palabras). ¡Es lo menos que pueden hacer! Más aún: de ningún modo está excluido que esas fuerzas no han de intervenir (ver la tentativa de Spínola en septiembre de 1974 o la más reciente del golpe militar abortado en febrero de 1975 en Grecia) para tratar de interrumpir el proceso de democratización antes aun de que sea planteada la cuestión del paso al socialismo. *En efecto, los regímenes de excepción no se instauran solamente como reacción "en caliente" contra un proceso hacia el socialismo y de independencia nacional ya desencadenado o incluso inminente.* Por cierto, en los países que nos ocupan, ni la hegemonía de la burguesía ni los compromisos con la burguesía compradora y el capital imperialista extranjero han sido hasta el momento puestos en cuestión de manera radical por el proceso de democratización: lo que, paralelamente a la potencia y a la organización del movimiento popular que ese proceso desarrolla, restringe seriamente las eventualidades de una reacción "a lo Pinochet". Pero el proceso está ya connotado por una redistribución de las relaciones de poder y una cierta limitación a la vez de los privilegios soberanos detentados hasta entonces por la burguesía compradora y el capital extranjero y del papel aplastante de Estados Unidos.

Ahora bien, la experiencia muestra que esta limitación, o lo que es lo mismo, esta negociación del equilibrio de los compromisos, puede a veces ser suficiente para provocar una reacción golpista de la burguesía compradora, del capital imperialista extranjero y de Estados Unidos, que no aceptan muy fácilmente, por poco que sea, soltar el control. En cuanto a la burguesía interior, a causa de sus divisiones internas, de su dependencia económica y de su debilidad político-ideológica, las más de las veces es incapaz de hacer frente, de manera unitaria, a una reacción de la burguesía compradora y del capital extranjero; en situaciones de crisis aguda, grandes fracciones de esa burguesía se colocan bajo el paraguas de estos últimos. En efecto, la burguesía interior misma vive temiendo el desarrollo ulterior de los acontecimientos y el ascenso de las luchas y tentada por un régimen de "guerra preventiva" contra las masas populares. Y eso no es todo: en algunos casos, las vacilaciones y divisiones de la burguesía interior pueden incidir rápidamente en vastos sectores de la pequeña burguesía, todavía polarizada en apreciable medida hacia aquella burguesía; la pequeña burguesía puede también ser alcanzada de lleno por las medidas de la burguesía tendientes a boicotear la economía —argumento conocido en Chile...

Una segunda observación tiene que ver con la naturaleza misma de los regímenes que durante la etapa democrática remplazan, o parecen poder remplazar (España), a los regímenes de dictadura. Me he referido, a propósito de la ruptura democrática, al remplazo de las dictaduras por regímenes "democrático-parlamentarios". Si he utilizado esta designación clásica y usual, no lo he hecho más que de manera *indicativa,* a fin de circunscribir la diferencia, en el seno mismo del Estado burgués, entre la forma de Estado de excepción (de *guerra abierta* contra las masas populares) y las formas "democráticas" burguesas: la expresión "democrático-parlamentaria", aplicada a los regímenes que suplen a esas dictaduras, no debe entenderse como remitiendo a una forma tradicional de régimen donde domine el Parlamento. Por dos razones:

a] Una razón general en primer lugar, que concierne, poco o mucho, al conjunto de los países capitalistas en *la fase actual del imperialismo.* Esos países han sufrido una serie de trasformaciones estructurales (económicas, políticas, ideológicas) que la crisis del capitalismo no hace más que acentuar y que tienen efectos considerables sobre todo Estado capitalista. En particular la institucionalización de todo un dispositivo "tecnocrático-autoritario", entre otros, concomitante con la crisis larvada de las burguesías en su conjunto frente al ascenso mundial de las luchas populares: eso no solamente significa un refuerzo acentuado del poder ejecutivo en relación con el Parlamento, sino que anuncia también el fin, por las trasformaciones que entraña el proceso, de una cierta forma de "democracia política" a secas. Aparece así claramente que el carácter "democrático" de esos regímenes (diferentes en ese sentido a los regímenes de excepción) no puede verse desde el ideal de regímenes parlamentarios que por otra parte ya pertenecen al pasado. Tales regímenes presentan ya (Grecia) o presentarán tarde o temprano y de manera específica (Portugal, a menos que se produzca un giro de los acontecimientos) ciertos rasgos tecnocrático-autoritarios característicos de la fase actual del imperialismo. Pero esos rasgos no deben hacernos subestimar su diferencia con los regímenes de excepción que han venido a remplazar, así como tampoco —y esta vez en sentido inverso— habría que identificar las actuales trasformaciones en los otros países capitalistas con un proceso de fascistización. Las *relaciones* y la diferencia entre la forma de Estado de excepción y las otras formas de Estado burgués deben siempre ser leídas en relación con la *fase* en la cual una y las otras aparecen y se desarrollan. De este modo, los regímenes fascista y nazi se diferencian claramente de los regímenes "democráticos" de otros países capitalistas y, por consiguiente, en los años treinta, estos últimos procedieron a un refuerzo estructural considerable del poder ejecutivo frente al Parlamento y a las libertades públicas.

b] Todavía más: la diferencia entre la forma de Estado de excepción y las otras formas de Estado burgués no deben ser consideradas solamente en relación con la fase del imperialismo, sino también en relación con *el lugar que tanto una como las otras ocupan en la cadena imperialista:* ese lugar es el que determina ciertas particularidades de la lucha de clases en los diversos países. En el caso de los países *dominados* y *dependientes,* la diferencia debe ser entendida en relación con la *zona de dependencia* y no ser trasladada, mediante una comparación mecánica a lo que pasa en los países dominantes.

En efecto, si se compara superficialmente y de manera eurocéntrica los regímenes de los países dominados y dependientes con la "democracia a la occidental", es lógico que todos aparecerán más o menos alejados de ese modelo ideal-típico y, *comparados con él,* como regímenes de excepción. Por una parte, eso puede llevar a subestimar la diferencia decisiva entre la forma de Estado de excepción (de guerra abierta) y las otras formas de Estado burgués en el sentido que esos términos revisten para los *países dominados;* un simple ejemplo: existe una diferencia considerable entre *México,* muy alejado, sin embargo, de una "democracia a la occidental", y el *Chile de Pinochet.* Por la otra, eso puede hacer creer que la fase actual del imperialismo condena ineluctablemente los países dominados —a menos que se produzca una transición pura y simple al socialismo— a fascismos, bonapartismos o a dictaduras reaccionarias.

Ahora bien, a causa de la particularidad de la lucha de clases en los países dominados, esta fase determina sin lugar a dudas un nuevo *tipo de Estado capitalista dependiente* cuyas características esenciales se manifiestan en las diversas formas y regímenes. Es en relación con ese tipo de Estado —que se distingue como tal de la "democracia a la occidental"— que debe medirse la diferencia, en el caso de países dominados y dependientes, entre los regímenes de excepción y los otros. En fecto, aun para los regímenes que no son de excepción, este tipo de Estado dependiente tiene rasgos particulares que lo distinguen de los regímenes análogos de los países dominantes.

Volvamos a Portugal, Grecia y España. Los tres tienen una particularidad precisa: situados, desde el punto de vista de su estructura interna, en el área europea, están incluidos no obstante en una situación específica de dependencia. Los regímenes que remplazan (o remplazarán) a la dictadura militar presentan entonces (o presentarán) —aunque en grado menor que otros países dominados— algunos de los rasgos del Estado capitalista dependiente. Es probable que, frente a la debilidad de su burguesía y a sus carencias político-ideológicas, los aparatos del Estado en sentido estricto, y *muy especialmente el ejército,* seguirán desempeñando, paralelamente a los partidos políticos, un papel organizativo propio e importante: es un rasgo, entre otros, que parece caracterizar actualmente al Estado dependiente mismo. De allí se desprende, por un lado, que el papel del ejército no tendrá que ser considerado, *en sí* (Grecia, España), como signo de una ausencia de ruptura efectiva con los regímenes anteriores (como sería el caso si se comparara esos regímenes con la "democracia a la occidental"); por otro lado —y esto es particularmente válido para Portugal—, el papel del ejército, incluso una futura institucionalización del MFA, no debería tampoco *por sí solo* ser considerado como un rasgo que sale en cierto modo de lo común y que significa eventualmente una vía efectiva y original hacia el socialismo. Ésa podría ser la forma misma de un régimen "democrático" burgués (en este caso *progresista)* tal como puede existir en ese país.

Algunas de las enseñanzas que pueden sacarse de los acontecimientos de esos países son válidas para los otros países europeos que también son, aunque de manera diferente por cierto, dependientes de Estados Unidos. Se trata, efectivamente, de otra forma de dependencia, pero que produce fenómenos similares a los que han sido analizados.

No me detendré en todas esas enseñanzas pero haré hincapié en un solo punto: *la crisis actual del capitalismo.* Verdadera crisis estructural cuyos efectos están lejos de haberse agotado, conduce directamente, en particular en Francia y en Italia, a crisis políticas graves que, como toda crisis de esa naturaleza, corren el riesgo de actualizar la cuestión de un eventual surgimiento de regímenes de excepción y del proceso que conduce a ellos. *En ese* contexto, ¿la vía que allá se siguió (o se sigue) para salir de los regímenes de excepción, no mostrará aquí la vía adecuada a seguir para preservarse? Ahora bien, en oposición a una concepción idílica, habría que tener presentes una vez más los límites consustanciales de esta vía, muchas veces indicados en este ensayo y que señalan las profundas ambigüedades de todo proceso de alianza con fracciones de la burguesía, proceso en el que por lo general la burguesía interior consigue imponer su hegemonía. Esos límites están allí para mostrar, por si fuera necesario, que más vale, de todos modos, evitar tener que pasar por eso; más vale no esperar el momento en que el movimiento popular esté en la defensiva, cuando los diversos "compromisos históricos" pueden aparecer como recursos, *in extremis,* contra un régimen de excepción. Además, la experiencia muestra que si, en ciertos casos precisos de regímenes de excepción establecidos desde hace tiempo, esas alianzas pueden establecerse, ellas son por el contrario raramente posibles en el momento de las crisis políticas que preceden a su instauración porque el conjunto de la burguesía oscila rápidamente hacia el campo de un Estado de guerra abierta contra las masas populares.

Mejor entonces no esperar: en efecto, esas crisis políticas pueden hacer surgir las posibilidades, esta vez auténticamente históricas, de un proceso de transición al socialismo y de real independencia nacional —muy especialmente en Francia y en Italia por el lugar que ocupan esos países en la cadena imperialista y por la potencia, excepcional, del movimiento popular. A condición, por cierto, que ese movimiento y sus organizaciones no se queden a la espera del "gran día" sino que actúen permanentemente para crear las condiciones.

A fuerza de esperar el "gran día" puede sorprendernos esta vez la madrugada de los tanques.

París, febrero de 1975

POST-SCRIPTUM. Este ensayo toma en consideración sólo los sucesos ocurridos hasta fines de febrero de 1975: ya estaba en prensa cuando se produjo el intento de golpe de Estado de Spínola el 11 de marzo, en Portugal. Por ello no he podido referirme a la situación política posterior.

De todas maneras, como señalé en la "Advertencia", este texto tiene por objeto el estudio del camino general seguido en el proceso de democratización, y no pretende prejuzgar el futuro de los países en cuestión. Pienso no obstante que los acontecimientos de Portugal después de febrero se sitúan en la misma línea de estos análisis.

N.P.

impreso en talleres gráficos victoria, s. a.
jesús terán 9-a
méxico 1, d. f.
tres mil ejemplares
3 de abril de 1976

www.ingramcontent.com/pod-product-compliance
Ingram Content Group UK Ltd.
Pitfield, Milton Keynes, MK11 3LW, UK
UKHW041824200726
13854UKWH00002BA/544

9 789682 308918